예쁜 일러스트로 시작하는
헬렌정의 프랑스 자수

지은이 헬렌정
일러스트 조옥경

이봄

시작하며

만약 내가 지금, 프랑스 자수를 시작한다면
'나의 첫 자수로 무엇이 좋을까' 하는
생각을 해봤습니다.

조금 특별했으면…
조금 더 예쁘고 감각적이었으면…

이런 생각들이 저를 데려간 곳은
'일러스트에 놓는 프랑스 자수'였습니다.
그런 중에 예쁘고 세련된 감성을 가진
일러스트레이터 조옥경 작가님을 만나게 되었습니다.
서로의 세계를 알아간다는 기쁨에 시간 가는 줄도 몰랐습니다.
자수와 일러스트가 어느새 서로 닮아가고 있었습니다.

이 즐겁고 따뜻한 시간을 여러분과 나누고 싶습니다.
평면의 일러스트에 보드라운 자수실의 온기를 놓습니다.
일러스트 위에 프랑스 자수만의 새로운 빛깔을 얹어봅니다.
이렇게 마음으로 한 땀 한 땀 수놓아가는
평온의 시간을 선물해드리고 싶습니다.

헬렌정 드림

차례

PART 1 프랑스 자수, 예쁜 일러스트를 만나다

멋쟁이 새 친구들
010

출근하는 강아지
012

젠틀맨 룩
014

장보는 푸들
016

코티지 가든 플라워1
020

코티지 가든 플라워2
022

스카프 레이디의 가방
024

앨리스와 시계토끼
026

호호 아줌마
028

튤립 레이디
030

빅토리안 레이디
032

아모르 파티
034

수국 레이디
036

바이올렛 리본 레이디
038

레이디 엠블럼
040

알파벳 자수
043

WEDDING
044

LOVE
045

팁 나만의 프랑스 자수 소품 만들기 018

PART 2 프랑스 자수의 기초

1. 재료와 도구 ❋ 실 | 프랑스 자수 바늘의 선택 | 도구 | 천 048
2. 자수 준비하기 ❋ 도안 옮기기 | 수틀 끼우기 | 바늘에 실 꿰기 | 실매듭 짓기 052
3. 자수 마무리하기 ❋ 세탁과 건조 | 보관하기 055
4. 27가지 스티치 레슨 056

  백 057 | 아웃라인 058 | 아웃라인 필링 059 | 스트레이트 060 | 씨드 061 | 브레이드 062 | 코럴 063 | 프렌치 노트 064 | 체인 065 | 실론 066 | 롱앤숏 067 | 프리 068 | 플라이 069 | 카우칭 070 | 러닝 071 | 클로즈드 페더 072 | 레이지데이지 073 | 블리온 074 | 케이블 체인 075 | 헤링본 076 | 블랭킷 077 | 스미르나 078 | 캐스트온 079 | 카우치드 트렐리스 081 | 새틴 082 | 스플릿 083 | 링 084

PART 3 자수 도안과 스티치

멋쟁이 새 친구들 088 | 출근하는 강아지 092 | 젠틀맨 룩 096 | 장보는 푸들 100 | 코티지 가든 플라워 1 104 | 코티지 가든 플라워 2 108 | 스카프 레이디의 가방 110 | 앨리스와 시계토끼 112 | 호호 아줌마 116 | 튤립 레이디 118 | 빅토리안 레이디 120 | 아모르 파티 124 | 수국 레이디 128 | 바이올렛 리본 레이디 132 | 레이디 엠블럼 136 | 알파벳 자수 140 | WEDDING 144 | LOVE 146

부록 일러스트 원화 148

PART 1
프랑스 자수, 예쁜 일러스트를 만나다

멋쟁이 새 친구들

● 도안 88쪽 ←

일러스트가 품고 있는 상상의 세계가 재미있습니다.
스카프를 두른 새, 모자를 쓴 새, 코트를 입은 새,
심지어 친구에게 머플러를 떠주는 새도 있습니다.
새들이 더 예쁘게 보이도록 친구들이 걸친 소품에
신경을 써서 자수를 놓았습니다.

××× 귀여운 친구들을 보자마자 솜을 도톰하게 넣은
인형으로 만들고 싶어졌습니다.

응용소품
두 마리의
솜인형

출근하는 강아지

● 도안 92쪽 ←

출근 준비를 마친 강아지들입니다.
털도 잘 빗었고, 빼놓은 물건은 없는지 살펴봅니다.
강아지들의 정돈된 털을 한 올 한 올 표현해보고 싶어,
면을 모두 채워가며 자수를 놓았습니다.

××× 쌀쌀한 날에 요긴하게 쓰이는 탕파 커버에 강아지 자수를 놓고 싶었습니다.
강아지를 꼭 안고 있으면 따뜻해지니까요.

젠틀맨 룩

● 도안 96쪽 ←

젠틀맨이라면 꼭 갖추어야 할 룩과 소품을 멋진 폭스 테리어가 알려줍니다.
강아지가 입은 수트와 모자·향수·우산 등의 소품은 줄무늬로 수놓아
젠틀맨 느낌을 살려보았어요. 자수가 처음이라면 소품 중에서,
가장 마음에 드는 것을 골라 천천히 자수를 시작하는 것도 좋습니다.

××× 이 멋쟁이 강아지를 잘 보이는 곳에 두고 싶었어요. 그래서 매일 보는 쿠션 위에 놓았답니다.

응용소품
쿠션 커버

장보는 푸들

→ 도안 100쪽 ←

응용소품
에코백

슈퍼마켓에서 장을 보고 나오는 푸들입니다.
파란색 장바구니에는 무엇이 들어 있을까요
파인애플, 버터, 순무, 강낭콩, 대파, 브레첼 등등.
다양한 식재료를 자수로 놓는 재미가 아주 색다르답니다.
여름옷이니까 원피스의 꽃무늬도 화려하게 수놓았고요.

××× 에코백과 잘 어울리는 친구 아닌가요? 위의 에코백 자수는
'펠트'에 따로 놓은 뒤 패브릭 접착제로 붙인 것입니다.
에코백 위에 바로 놓고 싶을 때는 작은 소품으로 시작해보세요.

Tip

생활소품을 조금 큰 자수로 장식하고 싶다면, 다른 천(리넨이나 펠트)에 따로 수를 놓은 뒤, 자수 뒤에 패브릭 접착제를 지그재그로 발라 원하는 곳에 붙이면 좋습니다.

××××× 나만의 프랑스 자수 소품 만들기 ×××××

직접 놓은 자수를 누군가에게 선물해주고 싶을 때,
꼭 실용적인 생활용품에 놓지 않아도 좋습니다.
자수 자체가 선물이 될 수 있어요.
자수를 처음 시작하는 당신이라면
누군가에게 보여주고 싶기도 할 테고요.

응용소품
아플리케
브로치

1. 이 책에 소개한 도안 중에서, 꽃이나 소품부터 시작해보세요.

2. 리넨에 원하는 자수를 하나 놓습니다.

3. 이때 놓은 자수의 가장자리를 '블랭킷 기법(75쪽 참조)'으로 장식하면 좋지만, 꼭 하지 않아도 괜찮습니다.

4. 자수가 놓인 천을 자수 모양에 맞게 오려서, 도톰한 펠트 천 위에 패브릭 접착제로 붙입니다.

5. 예쁜 자수 오브제가 완성됩니다.

6. 친구에게 선물해도 좋고, 펠트 뒤에 옷핀을 본드로 붙여 나만의 자수 브로치로 활용해도 좋겠지요.

응용소품
포푸리 파우치

일러스트로 표현된 꽃은 상상의 꽃에 가깝습니다.
그래서 더 좋아요. 저 역시 상상력을 마음껏 발휘해
예쁜 색깔과 기법을 찾아낼 수 있거든요.
어디에서도 본 적 없는 꽃자수일 거예요.
자수를 처음 시작한다면, 이 꽃자수로 용기내보세요.

××× 위의 소품 자수는 '리넨'에 따로 놓은 뒤,
원하는 주머니에 패브릭 접착제로 붙인 것입니다.

무늬가 있는 천에 자수를 놓고 싶은데, 어울릴지 몰라서
망설여진다는 이야기를 종종 듣곤 합니다.
생활 소품에 자수를 활용할 때, 다양한 무늬와 마주치게 됩니다.
망설이지 말고 과감하게 시도해보세요.
본래 천에 있는 무늬 속에서 자수의 영감을 발견할 수도 있습니다.
저는 풍경화가 가득 그려진 앤틱한 느낌의 천 위에
붉은 계열의 자수실을 써서 포인트 꽃자수를 놓아봤어요.

××× 상상의 세계에서 탄생한 일러스트 꽃자수는, 장식 오브제로 그만입니다.
작지만 존재감이 만만치 않거든요.

응용소품
꽃 오브제

스카프 레이디의 가방

도안 110쪽

응용소품
자수
가죽가방

옥경 씨의 일러스트 속 인물은 굉장히 독특합니다.
그동안 제가 해왔던 자수와 느낌이 달랐어요.
강렬한 선과 색감은 저에게 도전과도 같았습니다.
새로운 프랑스 자수를 선보일 수 있어 설레기도 했습니다.
프랑스 자수 특유의 우아함은 '우아한 여성'을 표현하는 데 제격입니다.
좀더 강렬한 느낌을 주고 싶다면, 스트라이프 천 위에 수놓아보세요.
그 느낌이 배가 됩니다.

××× 레이디가 요즘 유행하는 자수가방을 메고 있습니다. 우리도 충분히 만들 수 있어요.
'펠트'에 자수를 따로 놓은 뒤, 원하는 가방에 붙여보세요.
가죽가방의 자수는 이렇게 만들어진답니다.

앨리스와 시계토끼

도안 112쪽

일러스트는 동화 속 세계와 만나게 해줍니다.
꼭 한번 자수로 놓아보고 싶었던 '이상한 나라의 앨리스'입니다.
우리가 잘 알고 있는 시계토끼도 보이네요.
사랑스러운 앨리스를 머리부터 발끝까지 예쁘게 수놓아보세요.
참, 색다른 동물 자수를 놓고 싶을 때는
앨리스 옆에 나란히 등장한 시계토끼와 플라밍고만 따로 놓아보세요.

××× 플라밍고는 서 있는 모습이 우아해요. 그래서 꽃과 함께 리넨 손수건에 놓았어요.
옆에 영문 이니셜(138쪽 도안 참조)을 수놓아 선물해도 좋겠지요.

응용소품
리넨
손수건

호호 아줌마
도안 116쪽

이번엔 애니메이션과 자수의 만남입니다.
작아지는 비밀을 갖고 있는 '호호 아줌마' 애니메이션 자수입니다.
키가 스푼만해지는 아줌마, 체리를 가방처럼 들고 다니던
아줌마가 정말 귀여웠어요. 그때 그 시절로 돌아가보는 건 어때요.

××× 호호 아줌마는 요리 솜씨도 일품이었지요. 요리할 때 아줌마와 함께라면
든든해질 것 같아서 오븐 글로브에 활용해보았어요.

응용소품
오븐
글로브

튤립 레이디
도안 118쪽

풍성한 머리카락을 가진 여성 캐릭터와
그녀가 입은 페미닌한 옷, 그리고 튤립.
꽃 위에는 무당벌레까지 있어요.
옷 자수는 마치 인형 옷입히기 놀이처럼 재미있어요.
자수의 마무리로 옷에 단추를 달 듯, 비즈를 활용해보세요.
어렵지 않게 화려한 자수를 완성할 수 있답니다.
××× 튤립 레이디는 누군가의 초상화 같죠. 그래서 캔버스로 만들어보았어요.

빅토리안 레이디

도안 120쪽

응용소품
소품
파우치

19세기 영국 빅토리아 시대를 배경으로 한
영화 '오만과 편견'이 떠오릅니다.
산책을 좋아하는 주인공 엘리자베스 같지요.
이 인물의 얼굴면은 자수로 채워보았어요.
얼굴의 입체감을 주고 싶다면 면을 채우는 것도 좋은 방법입니다.
배경의 열대식물로 여름 느낌이 물씬 나는 자수입니다.

××× 우아한 소품 파우치에는 19세기 인물 자수가 잘 어울려요.
자수를 놓고 싶은 소품의 재질이 자수놓기에 적합하지 않다면,
'리넨'이나 '펠트'에 따로 놓은 뒤 붙여보세요.

아모르 파티
도안 124쪽

젊은 커플 느낌을 고스란히 살리고 싶어서,
경쾌한 색깔의 자수실을 사용했습니다.
특히 이 자수는, 자수를 막 시작한 분들이 쉽게 놓을 수 있도록
단순한 기법을 사용했어요. 두 인물 주변을 감싸고 있는
식물과 오리로 마음 편하게 시작해보세요.

××× 이 자수를 캔버스로 만들어(표지 참조) 결혼할 친구에게 선물해도 좋겠지요.
식물이나 소품들이 귀여워서 '자수 오브제'나 '브로치'로 만들어도 좋아요.

응용소품
소녀가
들고 있는
바구니 자수
브로치

수국 레이디
● 도안 128쪽

응용소품
수국 브로치

작은 꽃잎들이 모여 큰 송이를 만드는 수국.
수국을 조금 특별한 방법으로 수를 놓아보았어요.
처음 자수를 시작한다면 어려울 수도 있지만,
진주 비즈를 활용해 처음으로 선보이는 표현이라, 꼭 나누고 싶었습니다.
자수의 시간이 차곡차곡 쌓이면 쓱 시도해보세요.

××× 진주 비즈를 활용한 수국 자수는 반짝이는 브로치로 활용하면 좋아요.

바이올렛 리본 레이디
● 도안 132쪽

응용소품
리넨 머플러

긴 리넨 머플러에 직접 자수를 놓았습니다.
이번에 저와 일러스트레이터 옥경 씨가 제안하는 도안에는
다양한 여성 캐릭터와 꽃이 늘 함께합니다. 자수를 놓는 재미도 있지만,
패션 소품에 활용할 수 있어 아주 실용적입니다.

××× 장농을 열면 누구나 하나쯤 갖고 있는 머플러에 시작해보는 건 어떨까요.

레이디 엠블럼

→ 도안 136쪽 ←

엠블럼 자수입니다. 같은 그림이 두 번 반복되지만,
인물의 머리카락과 옷의 자수는 다르게 놓았어요.
자수의 양도 많고 다양한 기법을 사용했기 때문에,
자수의 경지에 오른 당신에게 제안합니다.
자신에게 선사하는 '엠블럼'이라 생각하고 천천히 수놓아보세요.
자수를 처음 시작하는 당신도 그냥 지나칠 자수는 아니랍니다.
쉽게 놓을 수 있는 다양한 식물과 동물을 만날 수 있거든요.

××× 엠블럼은 역시 셔츠의 가슴 한쪽 자리에 놓는 게 좋겠죠. 코튼 화이트셔츠에 직접 놓았습니다.

응용소품
엠블럼
화이트셔츠

알파벳 자수
도안 140쪽

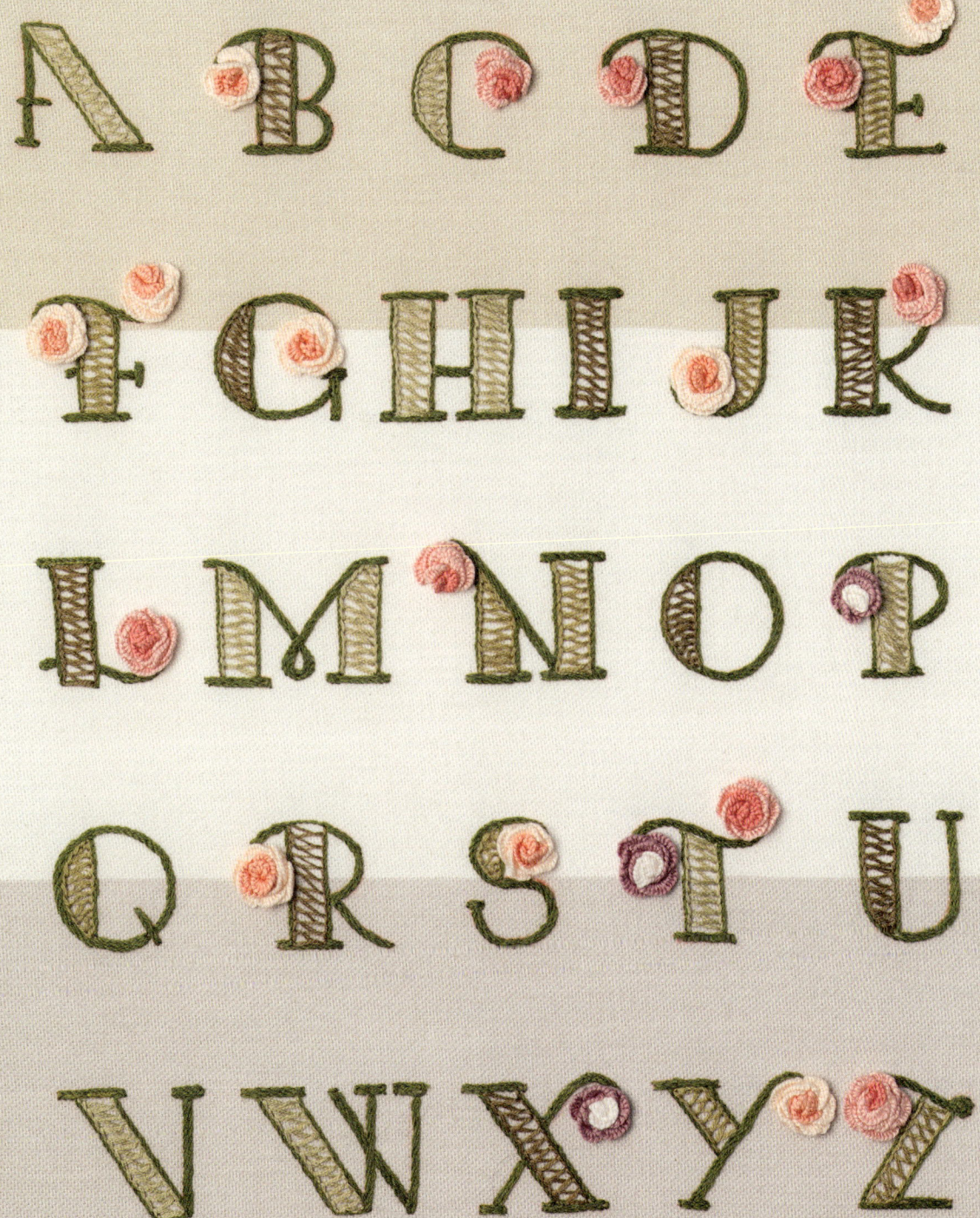

✕✕✕✕ WEDDING ✕✕✕✕
● 도안 144쪽 ←

LOVE

●→ 도안 146쪽 ←●

PART 2
프랑스 자수의
기초

1. 재료와 도구

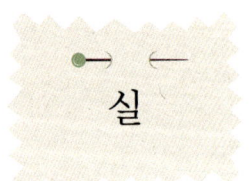

실

자수에서는 주로 25번 면사를 사용한다. 실의 굵기는 숫자가 작을수록 굵어지고, 클수록 가늘어진다. 브랜드별로 프랑스산인 DMC, 독일산인 앵커, 일본산인 코스모 또는 올림푸스 등의 25번 면사를 많이 쓴다. 각각 다른 색감과 특징을 가지고 있다. 다채로운 색감을 표현하고 싶을 때는 다른 브랜드의 실을 섞어서 활용해도 효과적이다.

이 책에서 사용한 실은 프랑스 자수실 브랜드 DMC 25번으로, 이 실은 색감이 선명하고 질감이 곱다.

실 가닥수에 따라 바늘 굵기를 정한다. 실 가닥수에 따라 바늘을 바꿔주면 쉽게 수를 놓을 수 있다. 천의 두께에 따라서도 달라지는데 오른쪽에 '클로버 바늘' 기준을 소개한다.

25번 자수실	자수 바늘 (클로버 기준)
6가닥	3·4호
3~4가닥	5·6호
1~2가닥	7·10호

- 25번 면사는 자수의 표현에 따라 적당한 가닥수를 사용한다. 자수실의 길이는 40cm~60cm가 적당하다.
- **1가닥** : 레터링이나 섬세한 라인 표현에 좋다. 프리 스티치에서 면을 채울 때도 한 가닥이 효과적이다.
- **2가닥** : 일반적인 표현이나 질감을 표현한다.
- **3가닥** : 풍성한 질감 표현에 좋다.
- **4가닥** : 선명한 모양이나 뚜렷한 라인. 블리온이나 캐스트온 스티치 기법의 입체 표현에 쓰인다.
- **6가닥** : 입체적인 기법으로 볼륨을 살리는 표현엔 6가닥인 한 올 전체를 사용한다.

프랑스 자수 바늘의 선택

끝이 뾰족한 프랑스 자수용 바늘을 사용한다. 번호가 작아질수록 바늘이 굵고 바늘귀가 커진다. 실의 가닥수에 따라 바늘의 굵기를 바꾸어 사용한다. 주로 사용하는 바늘은 셔닐, 크루엘, 샤프트, 스트로(밀리너스), 태피스트리 바늘이다.

① **셔닐:** 바늘귀가 큰 바늘로 끝이 뾰족하고 섬세한 표현에 좋다. (18호~24호 사용)
② **크루엘:** 바늘귀가 길고 크며 몸통이 얇다. 가장 일반적인 바늘로 3호~9호가 주로 사용된다.
③ **샤프트:** 작고 동그란 바늘귀로 귀가 작은 것이 특징이다. (7호~12호 사용)
④ **태피스트리:** 굵은 몸통에 바늘귀가 무딘 것이 특징이고 중간 길이의 바늘로 주로 울사에 이용된다. (18호~28호 사용)
⑤ **스트로(밀리너스):** 블리온 스티치에 좋은 바늘로 몸통이 얇고 길다. (1호~11호 사용)

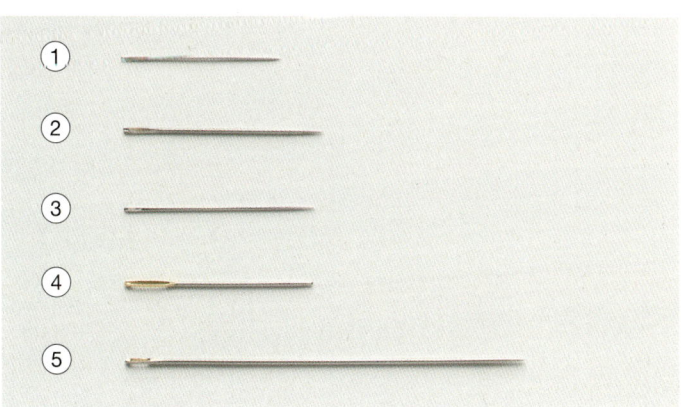

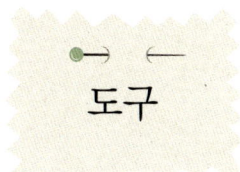

① **자수 가위** : 실을 자르거나 수놓은 자수를 뜯을 때 사용한다. 한 손에 감쌀 수 있을 만큼 작고, 가위 날이 가늘고 뾰족한 게 좋다.
② **자수 바늘** : 47쪽의 '프랑스 자수 바늘의 선택' 참조.
③ **수틀** : 주로 원형의 나무 수틀을 사용한다. 10.5~12.5cm 크기가 편리하다.
④ **초크 페이퍼** : 도안을 천에 옮기기 위한 복사지.
⑤ **재단 가위** : 리넨 등의 천을 자를 때 사용한다.
⑥ **시침핀** : 도안을 옮길 때 천과 먹지 도안을 고정한다. (셀로판테이프를 사용하기도 한다.)
⑦ **바늘 찾는 자석** : 봉 모양의 끝에 자석이 붙어 있어 바늘을 찾을 때 용이하다.
⑧ **수성펜·기화펜** : 도안이나 재단선을 그릴 때 사용한다. 물에 지워지는 수성펜이나 열에 지워지는 기화펜 등이 있다.
⑨ **실 끼우는 도구** : 실을 걸어 바늘귀에 넣어 사용한다.
⑩ **바늘 다듬는 도구** : 무뎌진 바늘을 다듬어 예리하게 사용하기 위한 기구다.

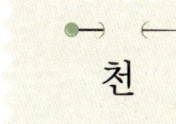

이 책에서는 주로 리넨을 사용했다. 주로 화이트나 베이지 컬러의 리넨을 사용한다.

리넨은 짜임이 균일하고 올이 촘촘한 것을 사용한다. 리넨은 세탁을 하면 수축하는 특성이 있기 때문에, 변형을 막기 위해 재단하기 전에 미리 세탁을 하면 좋다. 리넨은 미온수에서 가볍게 세탁한 후 젖은 상태에서 바닥에 밀착시켜 건조하면 다림질이 필요 없다. 자연스러운 리넨의 질감을 유지할 수 있다.

이 책에서 펠트는 에코백(17쪽), 브로치(18쪽), 자수 가죽가방(25쪽) 등에 쓰였다. 펠트는 울과 같은 섬유를 압축해서 만든 천이므로 수를 놓으려면 두께가 얇은 것이 좋다.

Tip

정교하고 화려한 기법의 프랑스 자수는 예전부터 내려오는 예술 중 하나이다. 비즈, 스팽글, 레이스, 리본으로 주변을 장식하기도 한다. 이 책에서 소품으로 나오는 수국 레디 브로치(37쪽)에 비즈를, 빅토리안 레디의 소품 파우치(33쪽) 등에 스팽글을 사용하면 잘 어울린다.

2. 자수 준비하기

1. 도안 옮기기

1. 천 위에 도안을 옮길 자리를 정한 뒤 트레이싱 페이퍼를 올려놓는다.

2. 트레이싱 페이퍼 위에 도안을 올려놓는다.

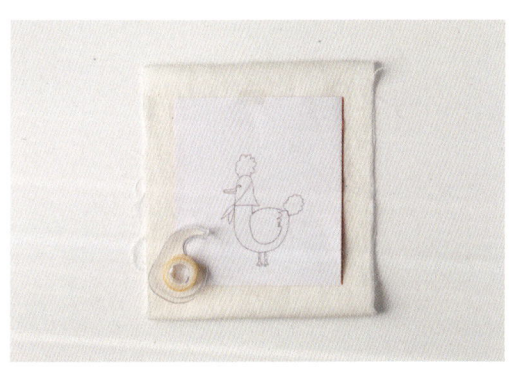

3. 초크페이퍼와 도안 위에 셀로판 비닐을 놓고 셀로판 테이프로 고정한다.

4. 도안을 눌러가며 옮겨 그린다.

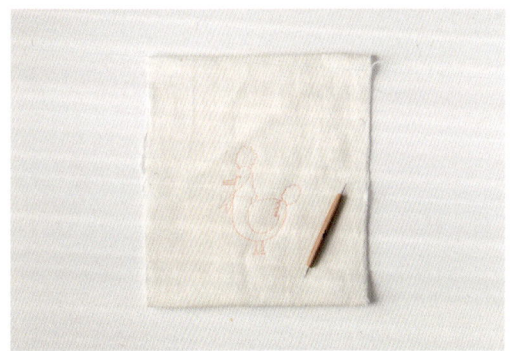

5. 잘 안 보이는 부분은 도안을 보고 수성펜 혹은 기화펜으로 덧그린다.

2. 수틀 끼우기

1. 수틀을 준비한다.

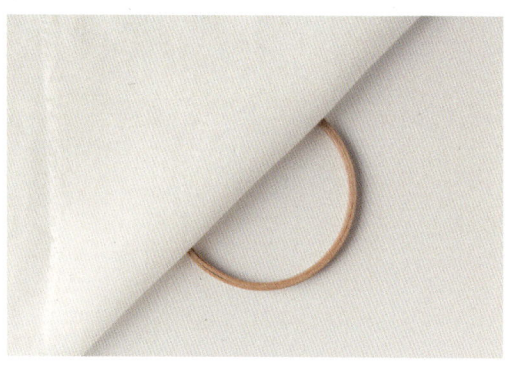

2. 조임쇠가 없는 원형 수틀을 천 아래에 놓는다.

3. 자수 놓을 부분을 정한 후 조임쇠가 있는 원형 수틀을 위에 올려 조임쇠를 고정한다.
이때 조임쇠 방향은 11시 방향이 좋다.

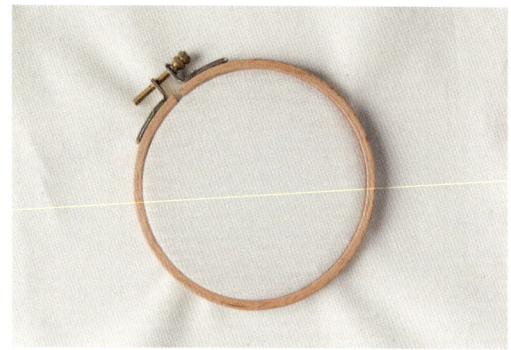

4. 천이 팽팽해지도록 조임쇠를 조인다.

> **Tip**
>
> 프랑스 자수에서 가장 중요한 것은 장력(Tension)이다.
> 이 장력을 위해 수틀을 반드시 사용해야 한다. 수놓는 과정에서도 자수 천을 계속 팽팽하게 유지하는 것이 중요하다. 수틀에 천을 끼우고 천이 평평해질 정도로 조임쇠를 조인다.

3. 바늘에 실 꿰기

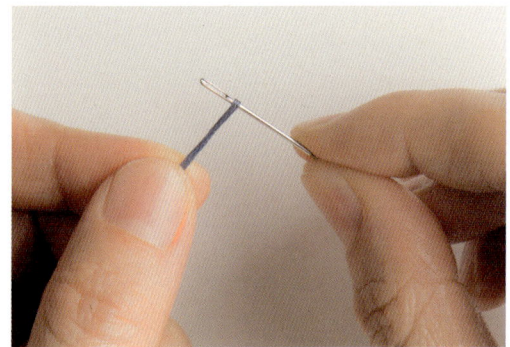

1. 실을 바늘의 납작한 면에 건다.

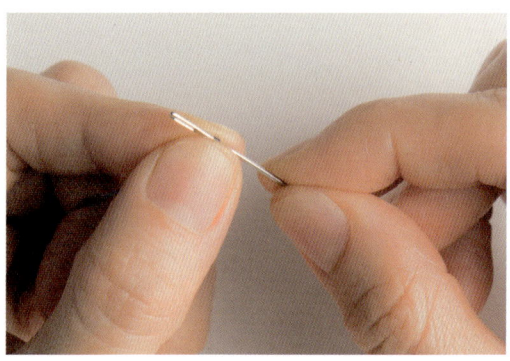

2. 걸어놓은 실을 엄지와 검지로 잡고 바늘은 뺀다.

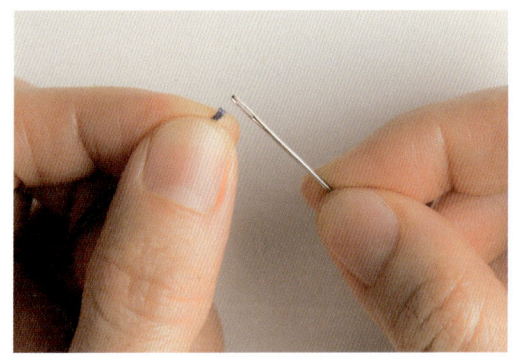

3. 실을 꽉 잡아 접힌 실을 바늘귀 가까이에 댄다.

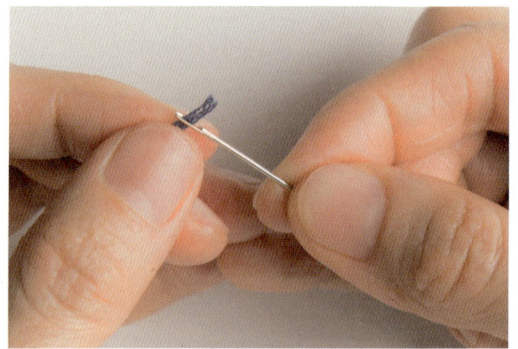

4. 접힌 실을 바늘귀에 밀어 넣는다.

4. 실매듭 짓기

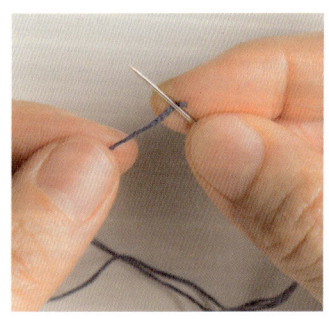

1. 한쪽 실 끝 부분에 바늘을 올린다.

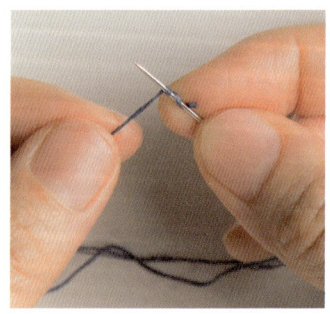

2. 바늘을 2~3번 정도 실과 함께 감아준다.

3. 엄지와 집게로 잡고 바늘을 위로 끝까지 뺀다.

3. 자수 마무리하기

1. 세탁과 건조

① 자수를 마친 후에는 반드시 세탁을 한다.
② 가볍게 손세탁한 후 살살 눌러 물기를 제거한다.
③ 자수천을 바닥에 밀착시킨 상태로 건조시키면 구김 없이 자수의 질감을 살릴 수 있다. 건조 후에 다림질을 따로 하지 않아도 된다.

2. 보관하기

프랑스 자수를 보관하는 데 가장 위협이 되는 것은 빛과 해충이다. 오래전부터 자수 작품에 해충을 막기 위해 장뇌, 향나무, 라벤더 향을 사용했으며, 마분지에 감아 보관하기도 했다. 직사광선을 피해 보관하고, 옥양목이나 리넨 등의 천 소재 가방에 넣어 보관하는 것도 좋은 방법이다.

4. 스티치 레슨

 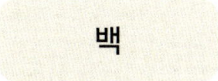 

뒷땀을 먼저 만들고 앞으로 진행하는 방법으로 자수의 디테일 표현에 좋다. 바느질의 박음질과 같은 방법이나 프랑스 자수의 질감을 살려 당기지 않고 수놓는다.

1 시작점에서 위로 바늘을 뺀다.

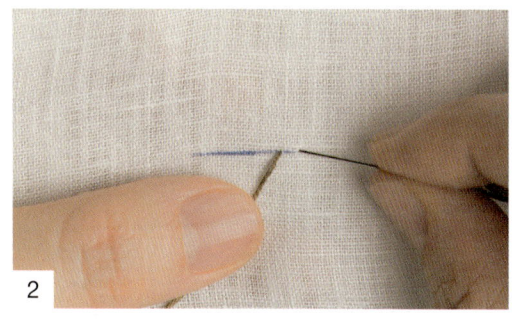

2 시작점 뒤로 0.3cm 한 땀이 되는 점에 바늘을 꽂는다.

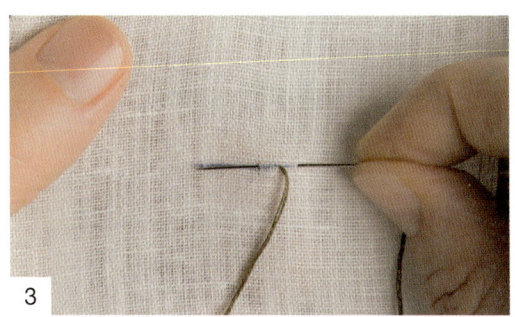

3 시작점에서 앞으로 0.3cm 되는 점으로 바늘을 뺀다.

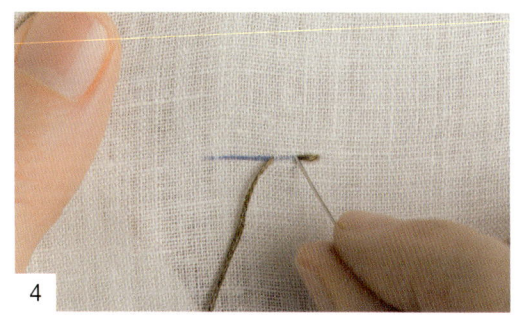

4 실 방향은 뒤에 땀이 끝난 점에 0.3cm 간격으로 바늘을 꽂는다.

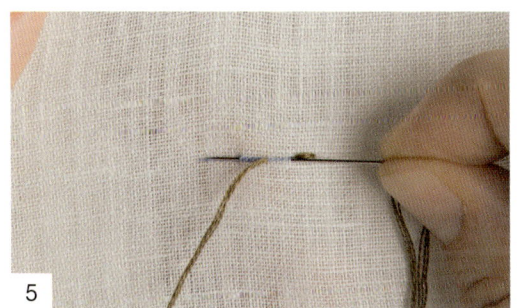

5 뒤에서 앞으로 진행하며 0.3cm씩 땀을 뜬다.

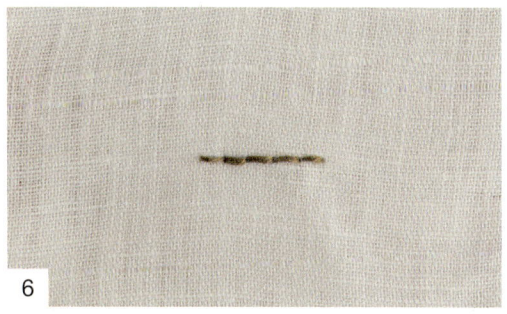

6 ⑤를 반복하며 땀과 땀 사이가 벌어지지 않게 당김없이 수를 놓아간다.

아웃라인

한 땀의 반을 떠서 시작하는 기법으로 프랑스 자수에서 선을 표현하는 대표적이고 가장 일반적인 표현법이다. 가느다란 밧줄 같은 꼬임이 만들어진다.

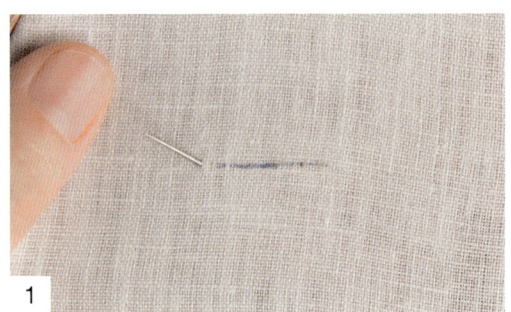

1 시작점에서 위로 바늘을 뺀다.

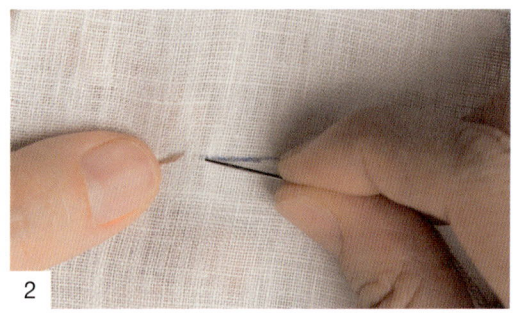

2 0.3cm 한 땀이 되는 점에 바늘을 꽂는다.

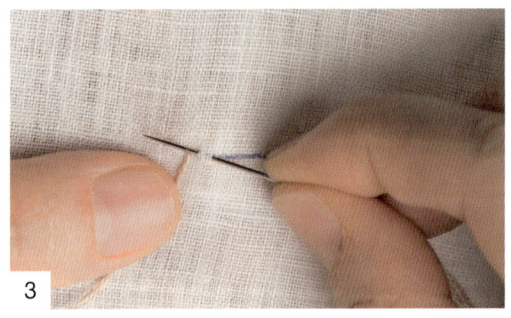

3 한 땀의 반이 되는 중간점에서 바늘을 빼내 한 땀을 만든다.

4 실 방향은 아래를 향하게 놓는다.

5 반 땀 크기를 떠서 앞의 땀이 끝난 지점으로 바늘을 뺀다.

6 ⑤를 반복하며 꼬임을 만들 듯 한 후 바늘 땀이 끝나는 점에 바늘을 꽂아 마무리한다.

아웃라인 필링

아웃라인 기법을 반복해 면을 채우는 방법. 면의 흐름을 따라가며 여백 없이 채우는 기법이다.

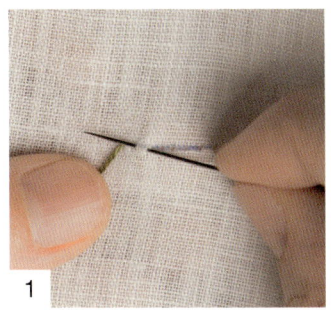

1 시작점에서 바늘을 빼 0.3cm 한 땀의 반인 0.15cm를 떠준다.

2 실을 아래로 놓는다.

3 반 땀을 떠서 앞의 땀이 끝난 지점으로 바늘을 뺀다.

4 ③을 반복하여 땀을 놓은 후, 마지막 땀의 끝에 바늘을 꽂아 마무리한다.

5 다음 줄의 시작은 0.15cm 정도의 반 땀을 시작점까지 한 땀으로 떠준다.

6 시작점에서 0.3cm 한 땀의 반인 0.15cm를 떠서 앞의 땀이 끝난 점으로 바늘을 뺀다.

7 ⑥을 반복해 반 땀씩 같은 방법으로 뜬다. 여백이 생기지 않게 같은 방향으로 수를 놓으며 면을 채운다.

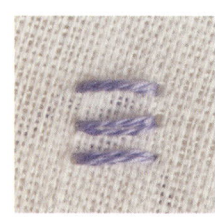

스트레이트

프랑스 자수의 가장 기본 스티치로 직선의 한 땀을 뜻한다. 짧은 선을 표현하거나 면을 채우는 방법으로 사용한다.

1 시작점에서 바늘을 뺀다.

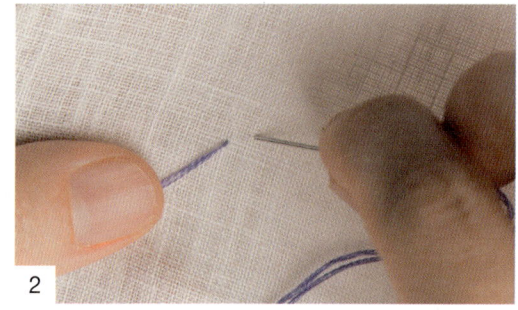

2 원하는 크기의 한 땀을 잡은 후 바늘을 꽂는다.

3 한 땀을 완성한다.

4 같은 길이나 다른 길이로 사용이 가능하다.

씨드

'씨앗'이란 뜻의 기법이다. 일정한 길이를 반복해 면을 채우는 방법이다. 점처럼 찍어 수놓기도 하고 일정한 길이감을 주어 입체적인 기법으로 응용하기도 한다.

1 시작점에서 위로 바늘을 뺀다.

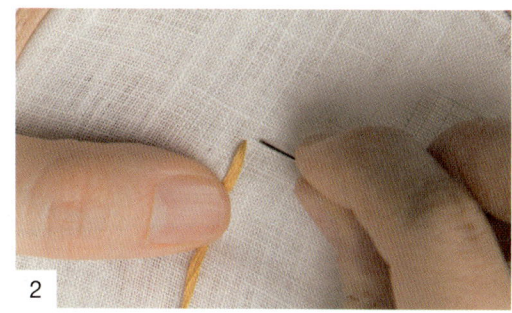

2 일정한 길이로 바늘을 꽂는다.

3 같은 길이를 반복해 여러 방향으로 땀을 만든다.

4 천에 밀착하여 땀을 만들 수도 있다.

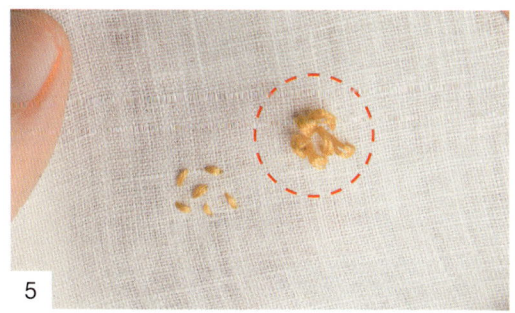

5 길이감을 주어 질감을 살려 표현할 수도 있다.

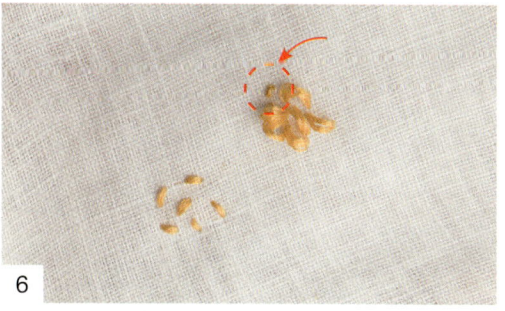

6 길이감을 유지하기 위해 점을 찍듯이 짧은 땀으로 마무리한다.

브레이드

더블체인이라고 하기도 하며 아름다운 모양이 특징이다. 굵은 라인을 표현하기 좋아 6가닥 한 올 전체를 사용하는 것이 효과적이다.

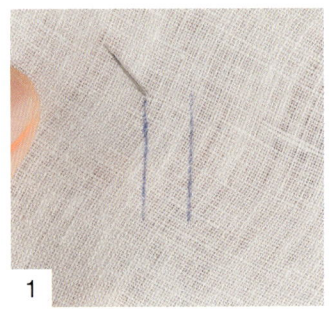

1 시작점에서 바늘을 뺀다.

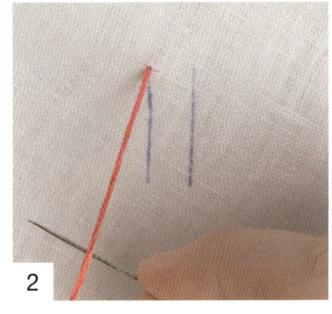

2 천을 바닥에 놓고 실의 아랫부분에 바늘을 놓는다.

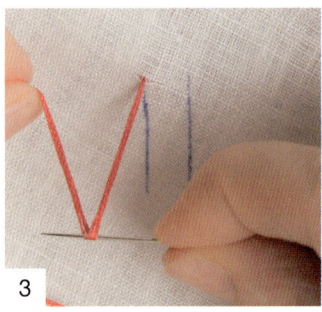

3 실 방향을 위로 한다.

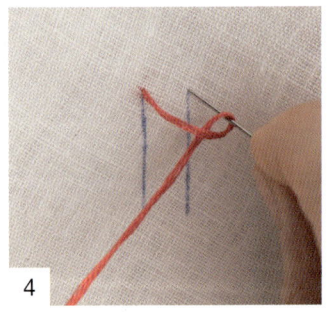

4 바늘을 실 아래 방향 오른쪽으로 옮겨 시작점과 수평이 되는 점에 바늘을 꽂는다.

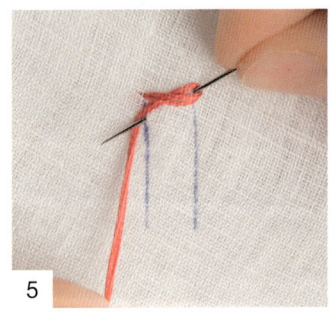

5 꽂은 바늘을 ④와 사선이 되게 바늘을 뺀 후 실을 아래로 내린다.

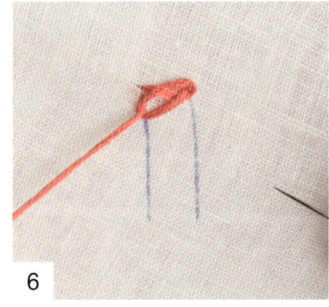

6 아래로 내린 상태에서 바늘을 뽑아 한 땀을 만든다.

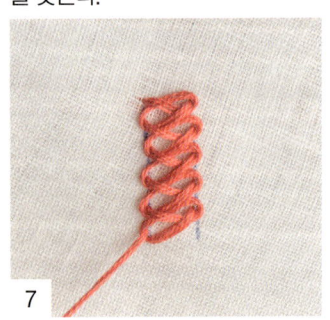

7 ③~⑤를 반복한다.

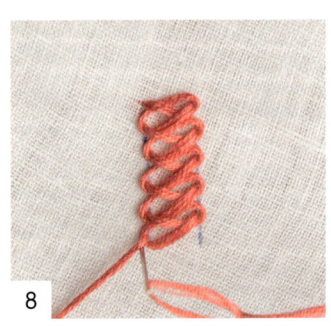

8 바늘을 뒤로 빼 고정시킨 후 마무리한다.

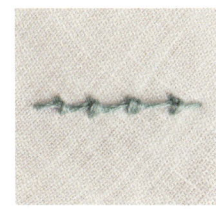 ## 코럴

매듭을 지어가며 선을 표현하는 기법이다. 세로로 뜨는 자수 땀의 길이를 일정하게 만드는 것이 중요하다. 곡선 표현에 효과적이다.

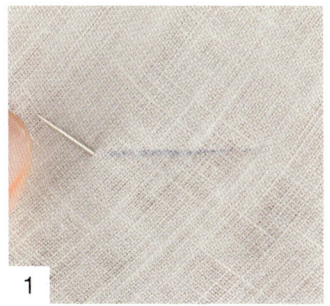

1
시작점에서 바늘을 뺀다.

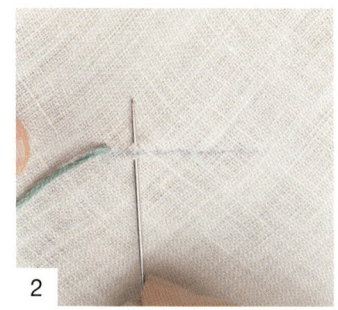

2
선을 중심으로 땀을 뜬다. 이때 선과 바늘을 수직이 되게 한다.

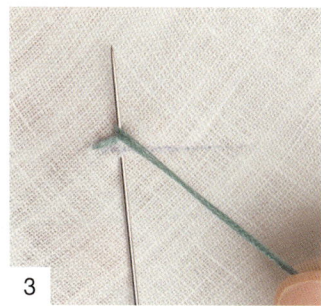

3
바늘 위에 실을 놓고 반시계 방향으로 한 바퀴 감아준다.

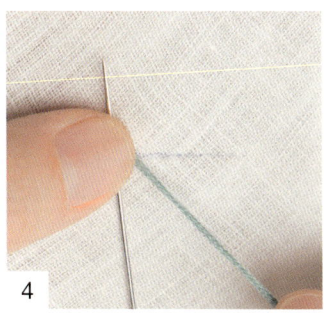

4
바늘에 감겨진 부분을 엄지로 눌러 위치를 고정한다.

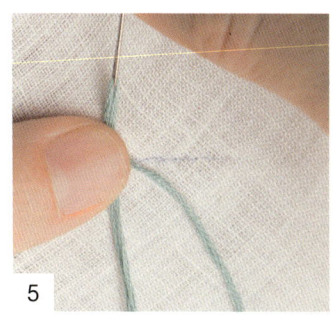

5
바늘을 위로 뽑는다.

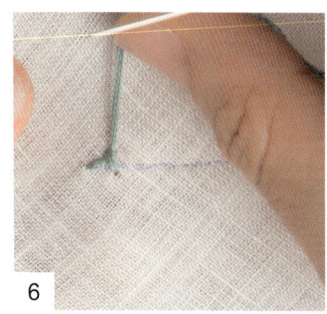

6
실을 위로 가게 하여 위치를 잡아준다.

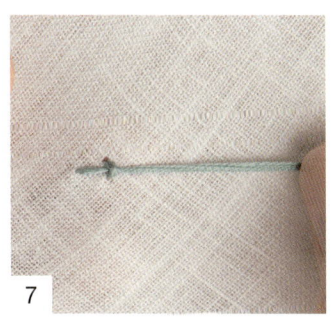

7
실을 선과 일치되게 놓고 위치를 고정한다.

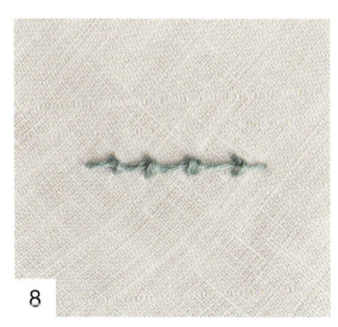

8
③~⑦을 같은 방법을 반복해 일정한 간격으로 수놓는다.

 ## 프렌치 노트

바늘에 실을 감아 씨앗같이 작은 구슬을 만들어가는 기법으로 실의 가닥수와 바늘의 굵기, 감는 횟수 등에 따라 크기를 조율할 수 있다. 수틀에 의해 모양이 변형될 수도 있어 가장 마지막에 놓아야 하는 기법이다.

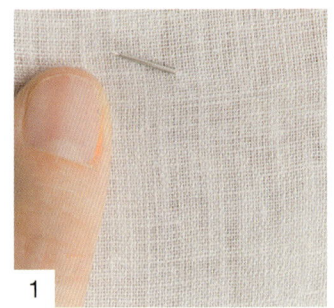

1 시작점에서 바늘을 뺀다.

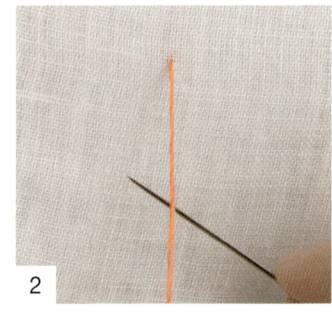

2 천을 바닥에 놓고 실과 바늘이 八자가 되게 놓는다.

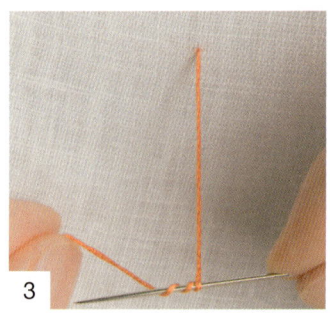

3 바늘에 실을 1~3회 감는다.

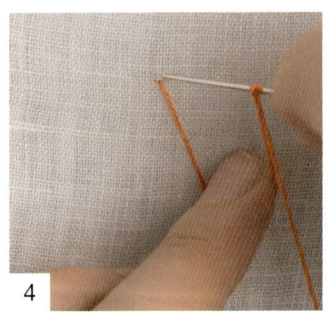

4 프렌치 노트의 구슬이 놓여질 자리에 바늘을 꽂는다.

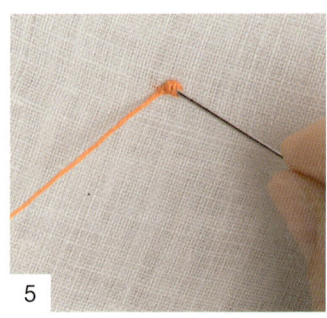

5 실을 당겨 크기와 모양을 잡는다.

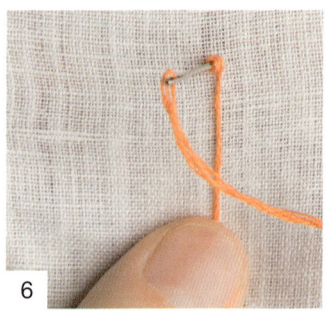

6 바늘을 수직으로 꽂는다.

7 수를 마무리한 후 천에 밀착시켜 고정한다.

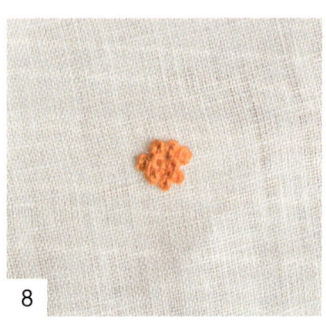

8 여러 개의 프렌치 노트를 모아 표현이 가능하다.

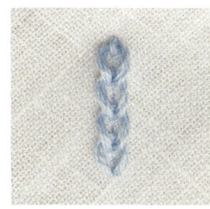

체인

입체적인 질감을 표현하거나 굵은 선을 표현하기에 좋다. 실을 세게 당기지 않고 바늘땀의 간격을 일정하게 유지하며 수놓아가야 한다.

1 시작점에서 바늘을 빼 실 방향을 위로 놓는다.

2 다시 시작점에 바늘을 꽂아 0.3cm 정도 체인 크기로 한 땀을 떠준다.

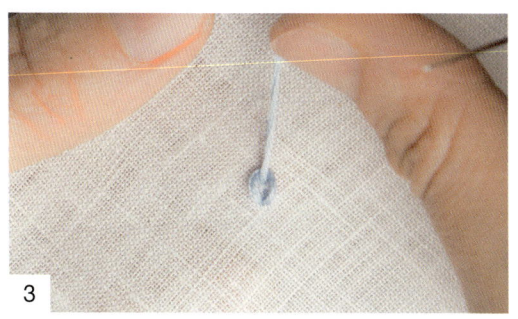

3 바늘을 뺀 후 실을 당겨 크기를 조율해준다.

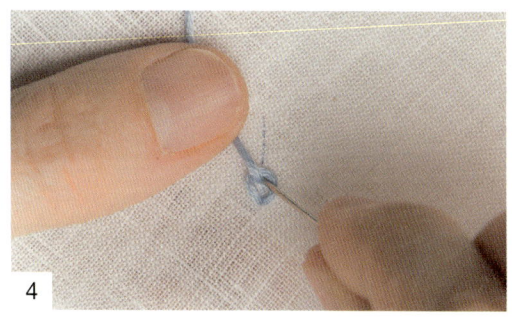

4 다시 실을 위로 놓고 같은 점에 바늘을 꽂아준다.

5 ④를 반복해 수를 놓는다.

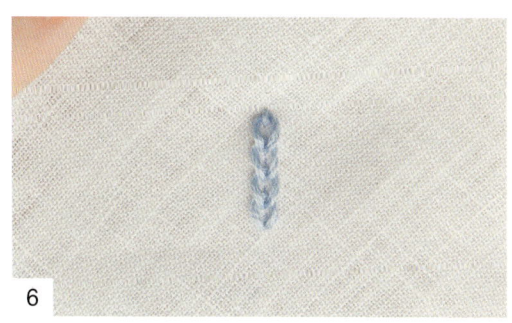

6 체인의 끝부분에 바늘을 꽂아 마무리한다.

실론

뜨개질처럼 수놓는 방법으로 실제로 뜨개코를 만들어주고 코를 걸어 뜨개질하듯이 수놓아간다.

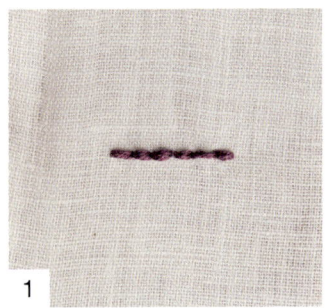

1

백스티치로 원하는 길이만큼 수를 놓는다.

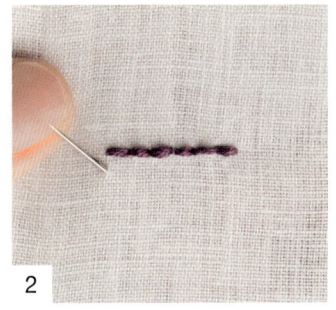

2

백스티치 라인에서 0.3cm 정도 간격을 두고 바늘을 뺀다.

3

백스티치 아래로 바늘을 통과해 실을 올린다.

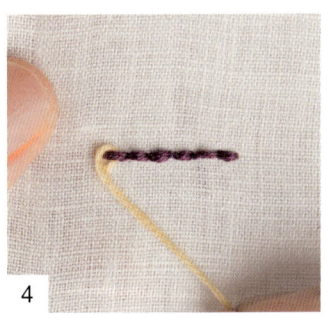

4

다시 아래로 내려 한 개의 뜨개코를 만든다.

5

③~④를 반복해 뜨개 코의 첫 단을 만든 후 0.3cm 간격을 두고 바늘을 꽂는다.

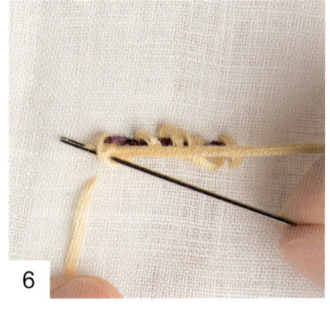

6

0.3cm 간격을 두고 바늘을 뺀 후 위에 있는 한 코를 통과해 같은 크기의 땀을 만든다.

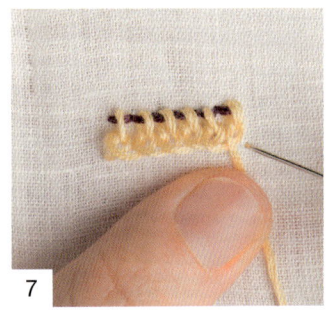

7

⑥을 반복해 원하는 길이만큼 수를 놓는다.

8

마지막 라인은 바늘을 통과시킨 후 당겨 가며 끝 단을 마무리한다.

롱앤숏

긴 선과 짧은 선을 일정하게 반복해 면을 메우는 기법이다.

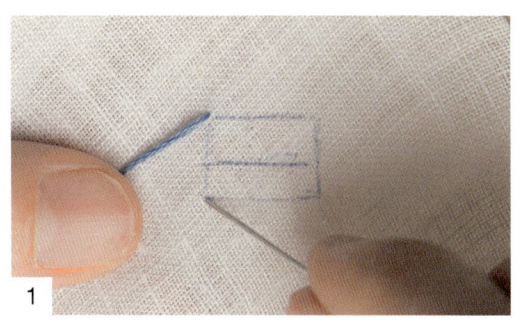

1
시작점에서 바늘을 뺀 후 스트레이트로 긴 땀을 놓는다.

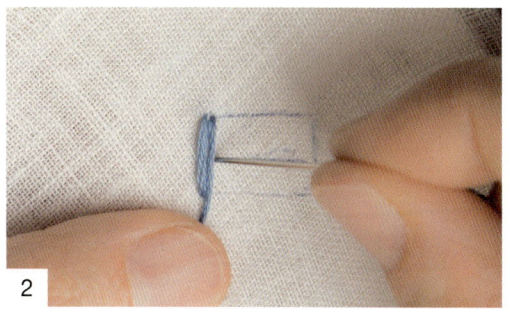

2
앞의 땀과 여백 없이 바늘을 빼서 작은 길이의 땀을 놓는다.

3
긴 땀과 짧은 땀을 반복해 놓는다.

4
먼저 놓은 땀에 길이가 다른 땀을 한 점에서 만나게 놓으며 면을 채워간다.

프리

긴 선과 짧은 선을 반복해 롱앤숏보다 자유롭게 수놓는 기법으로 흐름을 따라 표현하는 것이 중요하다.

1

롱앤숏처럼 긴 땀과 짧은 땀을 반복해 놓는다.

2

먼저 놓은 땀과 연결되게 1/3 정도 겹치게 수를 놓는다.

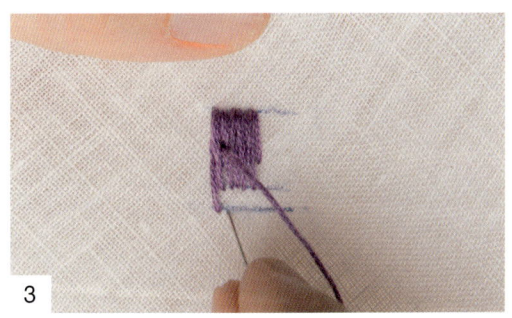

3

긴 땀과 짧은 땀을 자유롭게 반복하며 면을 채운다.

4

채우는 면의 흐름을 따라 흘러가는 느낌으로 자연스럽게 수를 놓아 마무리한다.

플라이

날아가는 꽃잎이나 꽃의 줄기나 잎을 표현하는 기법으로 알파벳 대문자 Y자 모양으로 하나씩 쓰거나 연결해서 선이나 줄기, 잎을 채우기도 한다.

1

중심선의 왼쪽 시작점에서 바늘을 뺀 후, 실을 아래로 놓는다.

2

시작점과 수평이 되는 지점에 바늘을 꽂아 실과 바늘이 V자가 되게 놓는다.

3

바늘을 뺀다.

4

Y자의 꼬리 부분에 바늘을 꽂은 후 위에 놓은 땀과 평행이 되게 바늘을 뺀다.

5

②~④를 반복해 크기가 일정하게 수를 놓은 후 마무리한다.

카우칭

굵은 실과 가는 실을 일정한 간격으로 고정해가며 형태를 만드는 기법으로 화이트 워크의 라인이나 색감의 대비를 위한 색채 자수로도 사용한다.

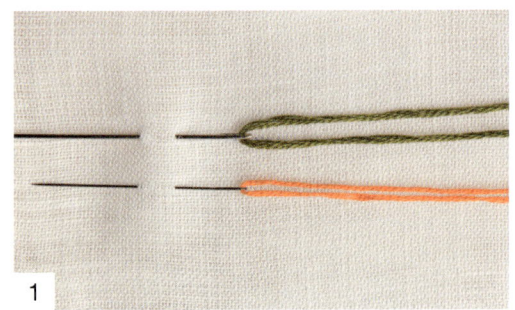

1 6가닥의 실과 2가닥의 실을 바늘에 끼워 준비한다.

2 6가닥의 실로 시작점에서 바늘을 뺀 후 원하는 길이의 끝부분에 바늘을 꽂아준다.

3 굵은 실 아래에서 가는 실의 바늘을 뺀다.

4 6가닥의 실을 감싸며 바늘을 꽂는다.

5 일정한 간격으로 6가닥의 실을 감싸며 일정한 간격으로 선을 만든 후 마무리한다.

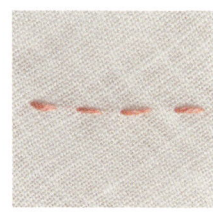 ## 러닝

바느질의 홈질과 같은 기법으로 선을 표현하는 점선 스티치이다.

1. 시작점에서 바늘을 뺀다.

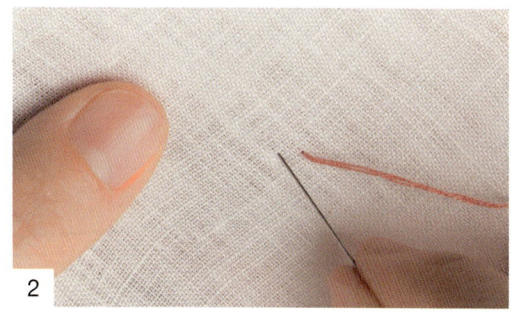

2. 0.3cm 정도의 한 땀을 만든다.

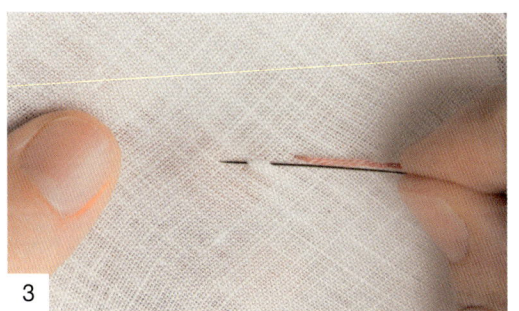

3. 0.3cm 정도의 여백을 두고 바늘을 뺀다.

4. ②, ③을 반복해 땀을 뜬다. 실을 당기지 않고 한 땀씩 놓아간다.

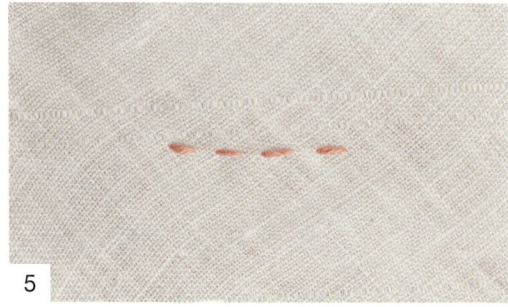

5. 수를 마무리한다.

클로즈드 페더

페더 스티치의 응용으로 굵은 라인이나 리본 등을 표현하기 좋다. 일정한 바늘땀을 반복하는 것이 중요하다.

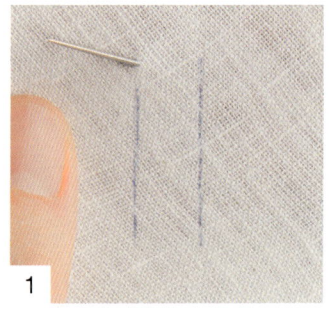

1 시작점에서 바늘을 뺀다.

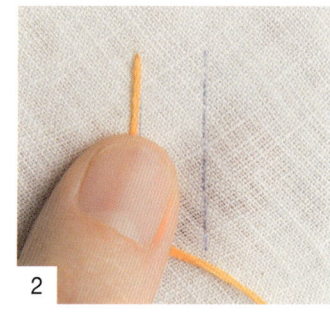

2 실 방향을 아래로 놓는다.

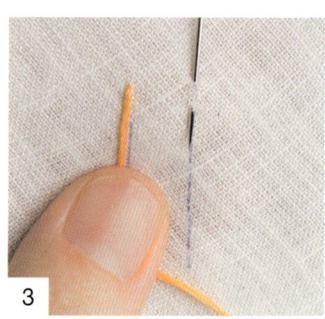

3 시작점과 평행이 되게 바늘을 꽂아서 한 땀을 뜬다.

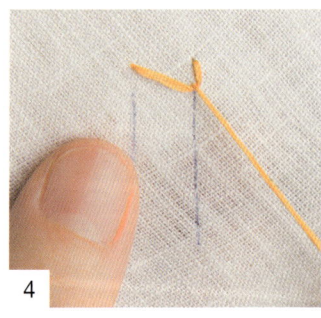

4 오른쪽으로 기울어진 V자 모양을 만든다.

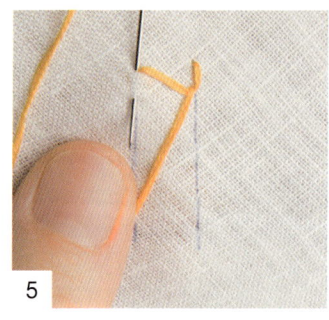

5 다시 실 방향을 아래로 놓고 시작점에 바늘을 꽂아 같은 간격을 떠준다.

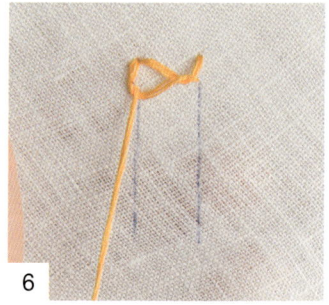

6 왼쪽으로 기울어진 V자 모양을 만든다.

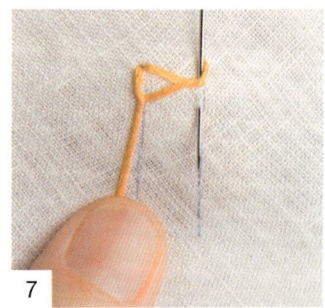

7 라인을 따라 위에서 아래로 바늘을 꽂는다. 이때 바늘을 꽂는 점은 V자의 안쪽에서 한 땀을 뜬다.

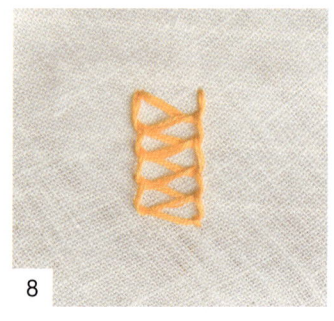

8 ②~⑥을 반복해 수를 놓아 마무리한다.

레이지데이지

꽃잎을 표현하는 가장 기본적인 스티치이다. 작은 꽃잎이나 나뭇잎, 면을 채우거나 입체적인 열매를 표현하는 페탈 스티치 등으로 응용할 수 있다.

1
시작점에서 바늘을 뺀 후 실 방향을 위로 놓는다.

2
시작점과 같은 점에 다시 바늘을 꽂아 한 땀을 뜬다.

3
꽃잎 크기를 만들어준다.

4
바늘을 수직으로 꽂아 마무리해준다.

5
①~④를 반복해 나머지 꽃잎을 표현한다.

블리온

바늘의 굵기를 이용해 바늘에 실을 감아 입체적인 모양을 만들 수 있는 스티치이다. 꽃잎이나 봉오리 등을 입체적으로 표현하기 좋다.

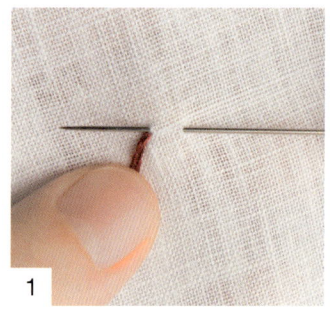

1

시작점에서 바늘을 뺀 후 한 땀을 떠 다시 시작점으로 바늘을 빼준다.

2

한 땀 길이만큼 바늘에 실을 감아준다. (약 8~10번) 이때 코일링을 만든다는 느낌으로 실이 당겨지지 않게 감는다.

3

바늘을 위로 뽑아준다.

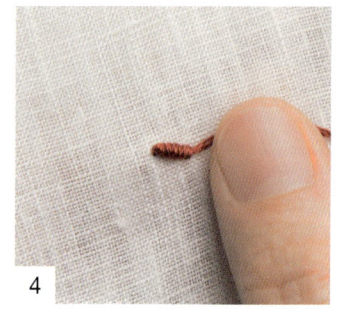

4

실을 당겨서 감은 실을 고르게 모아준다.

5

땀이 끝난 지점에 바늘을 꽂아 수를 마무리한다.

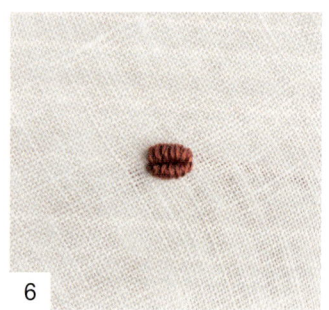

6

블리온 방법으로 꽃을 표현할 때는 ①~⑤를 반복해 스티치를 하나 더 만들어준다.

7

중심에 만든 두 개의 스티치를 감싸가며 그림처럼 꽃 모양을 만들어가며 바늘을 꽂아준다.

8

수를 마무리한다.

케이블 체인

선을 표현하는 기법으로 바늘에 실을 걸어가며 수놓는다. 목걸이 줄 느낌을 표현하기 좋다.

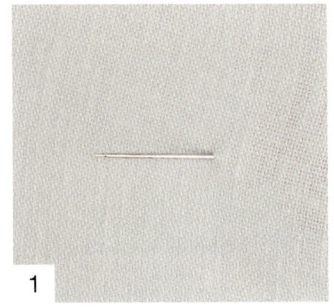

1 시작점에서 바늘을 뺀다.

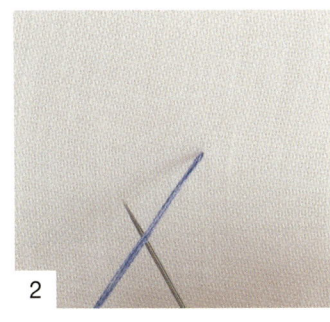

2 실과 바늘이 入자가 되게 한다.

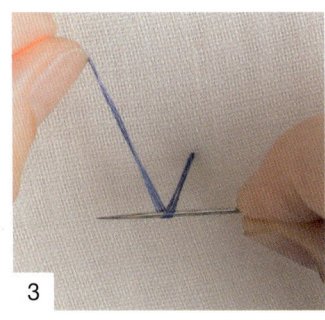

3 실 방향을 위로 올린다.

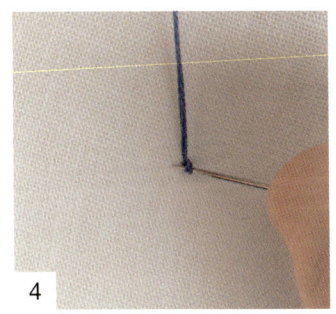

4 0.2cm 간격으로 작은 땀을 꽂는다.

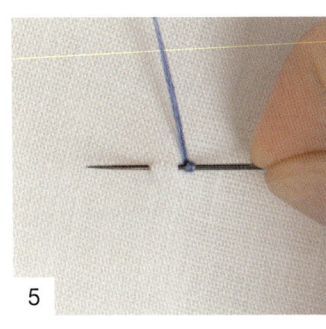

5 0.5cm 간격의 큰 땀을 뜬다.

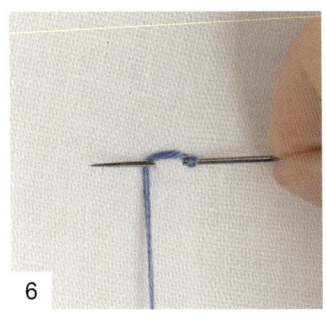

6 실 방향을 아래로 내려 바늘에 실을 걸어준다.

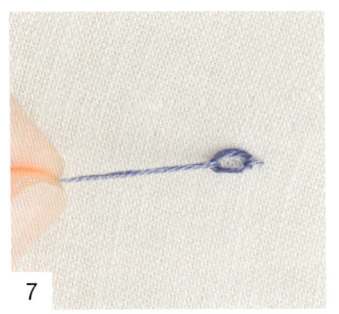

7 바늘을 뽑아 한 땀을 만든다.

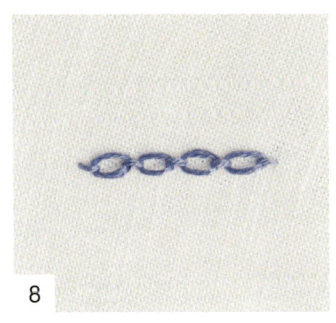

8 ①~⑥을 반복해 수를 마무리한다.

헤링본

'청어 뼈'란 뜻을 가진 기법으로 바느질의 새발뜨기와 같다. 같은 길이의 바늘땀을 위아래로 반복하며 굵은 선이나 면을 채우는 방법이다.

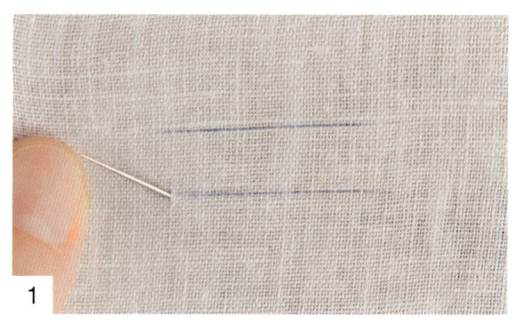

1 선을 두 줄 그린 후 아랫부분에서 바늘을 뺀다.

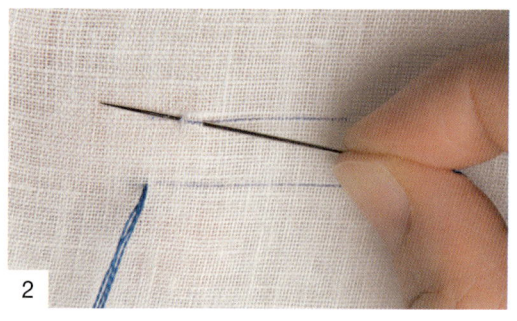

2 윗 선에서 한 땀을 뜬다.

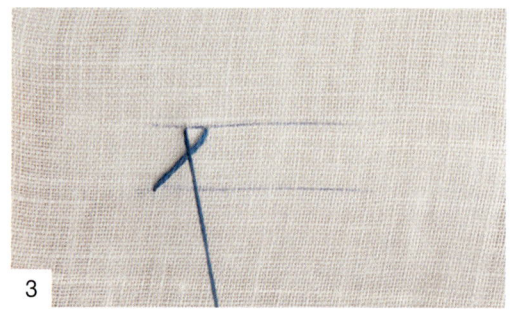

3 바늘을 뽑아 천 위에 실이 늘어지지 않게 아래로 놓는다.

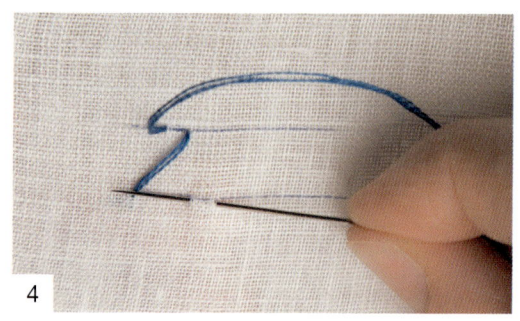

4 아래에 같은 크기로 한 땀을 뜬다.

5 바늘을 뽑아 실이 늘어지지 않게 위로 놓는다.

6 ②~⑤를 반복해 놓은 후 다시 아래에서 마무리한다.

블랭킷

담요 가장자리에 쓰는 기법이다. 테두리나 아플리케 기법*으로 사용한다.

1

시작점에서 바늘을 뺀 후 실 방향을 아래로 놓는다.

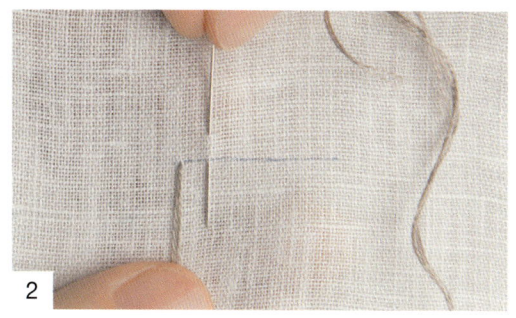

2

바늘을 위에서 아래로 선과 수직이 되게 꽂는다.

3

바늘을 빼서 'ㄴ'모양이 되게 실을 놓는다.

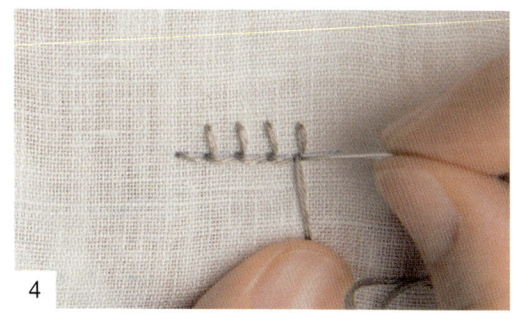

4

①~③을 반복해 스티치를 놓아간다.
바늘을 꽂아 고정해준다.

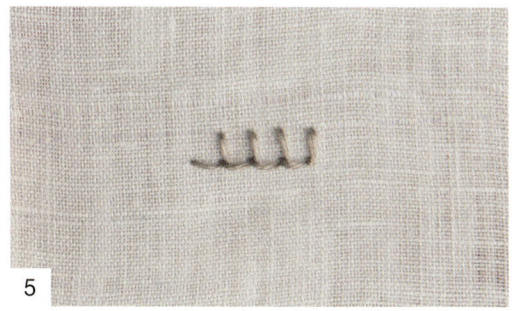

5

수를 마무리한다.

*아플리케 기법 : '붙이다, 달다'라는 뜻을 가진 프랑스어로 천 위에 다른 천이나 가죽을 잘라서 깁거나 붙이는 바느질 기법.

스미르나

카펫이 유명한 터키의 옛 지명 서머나에서 유래된 기법으로 카펫과 같은 길이감을 표현한다. 입체적인 꽃이나 면을 채우는 방법으로 일정한 길이를 반복하는 것이 중요하다.

1 시작점에서 바늘을 뺀 후 실 방향을 아래로 놓는다.

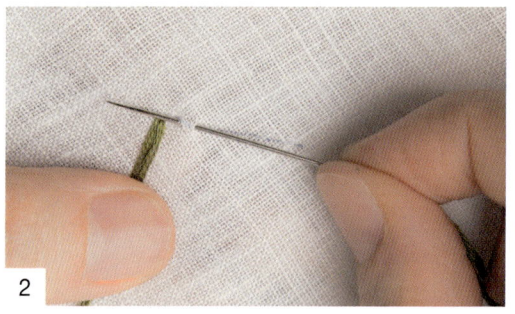

2 한 땀의 반을 뜬다.

3 바늘을 뽑아 반 원이 만들어지게 모양과 길이를 잡는다.

4 실 방향을 아래로 놓고 다시 한 땀의 반을 앞에 만든 반원과 겹쳐지게 만들어간다.

5 길이를 일정하게 맞추어 ②~④를 반복한다.

6 점을 찍듯 작은 땀으로 마무리해 길이가 고정되게 한다.

캐스트온

바늘에 뜨개질의 코를 만들 듯 감아가는 기법으로 블리온 스티치와 같이 사용되지만 바늘에 감는 방법을 달리한다. 바늘에 감을 때는 여백 없이 차근차근 감아 꽃잎의 가장자리 끝을 섬세하게 살려주는 것이 포인트이다.

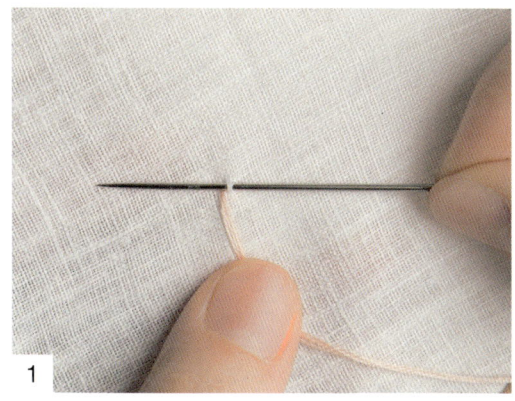

1 시작점에서 바늘을 뺀 후 시작점과 한 점이 되게 0.1cm 만큼 한 땀을 뜬다.

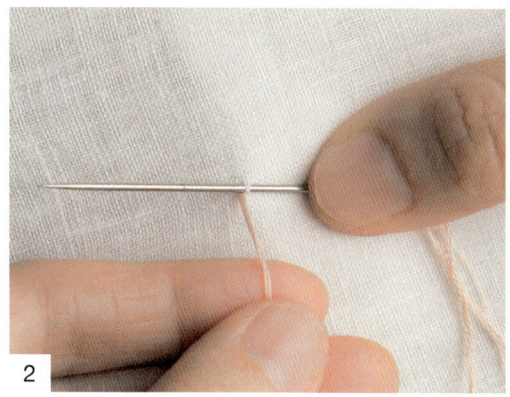

2 세 손가락으로 실을 잡는다.

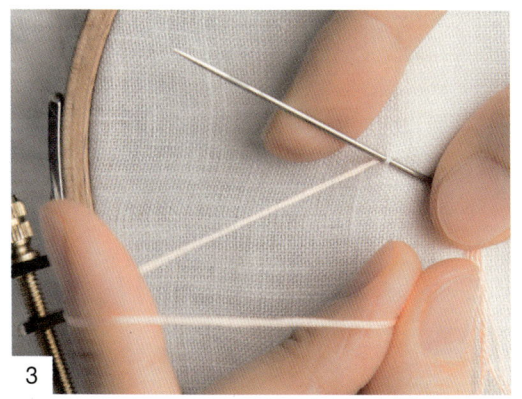

3 집게를 세워 실을 세워준다.

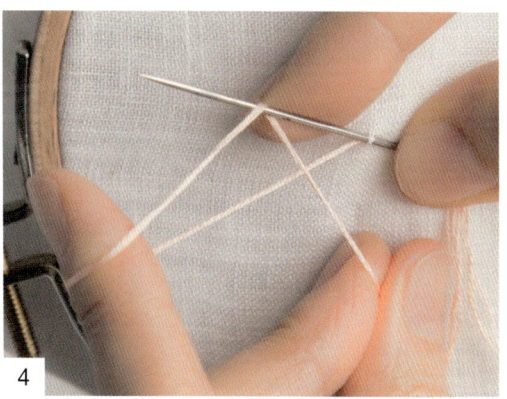

4 윗실에 바늘을 걸어순다.

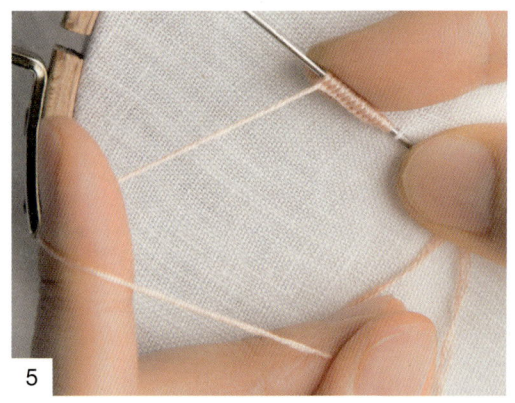
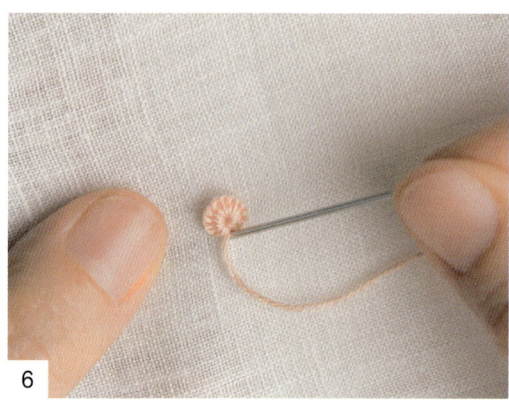

④를 반복해 여백없이 차곡차곡 13개 정도의 땀을 만든다.

바늘을 뺀 후 시작점에 바늘을 꽂아 모아준다. (꽃의 중심이 된다.)

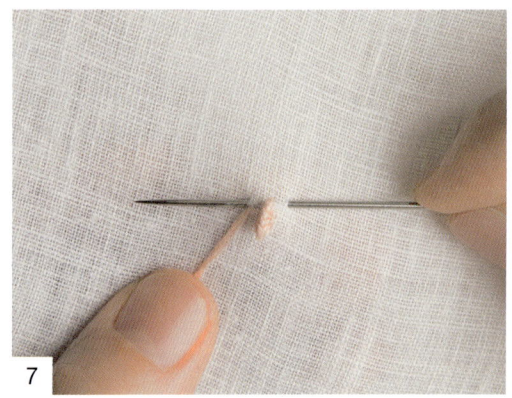

중심을 감싸며 한 땀을 뜬다.

②~⑤를 반복해 꽃잎의 길이를 만들어준다.

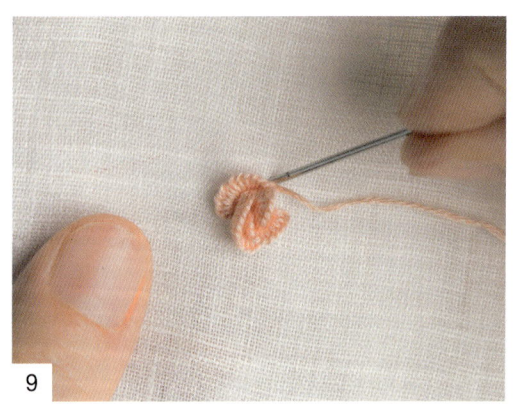

꽃잎 길이의 1/2정도 겹쳐지게 모양을 만들어간다.

⑦번에서 만든 첫 번째 꽃잎에 1/2정도 겹쳐지게 수를 놓은 후 마무리한다.

카우치드 트렐리스

북유럽 스웨덴 자수의 대표적 기법으로 격자모양 수직자수의 교차점을 묶어주는 표현법이다. 격자모양의 트렐리스 기법과 자수실을 고정해주는 카우칭 기법이 합쳐진 방법이다.

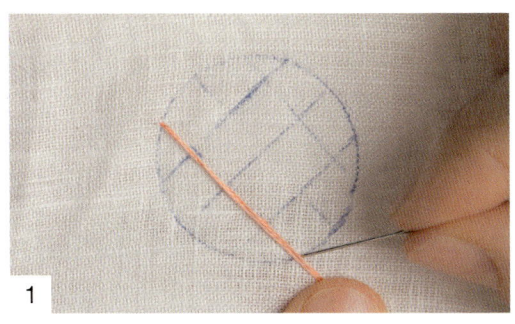

1
시작점에서 바늘을 빼 면의 길이 방향으로 바늘을 꽂는다.

2
①을 반복해 일정한 간격으로 아랫선을 만든다. (이때 천을 팽팽하게 놓고 실도 팽팽하게 만들어준다.)

3
가로 방향으로 ②와 같은 간격으로 옆선을 만든다.

4
가로 방향으로 수를 놓아 트렐리스 기법을 완성한다.

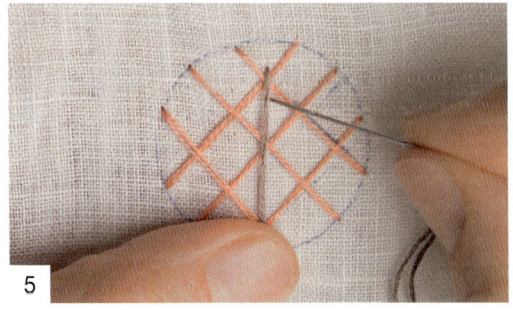

5
교차점에 한 땀 놓아준다.

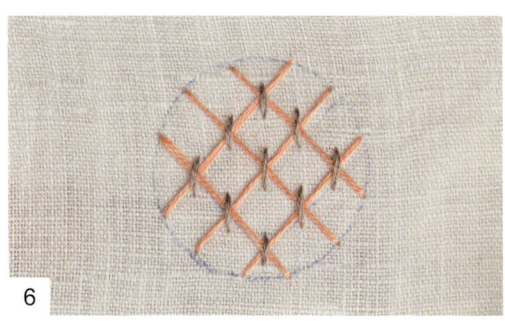

6
⑤를 반복해 수를 마무리한다.

새틴

일정한 방향으로 평행이 되게 수를 놓아 면을 메우는 기법이다. 볼륨감을 위해 속수를 먼저 놓거나 여러 번 반복해서 모으듯 부드럽게 수놓는다. 면을 분할해서 채워가며 자수의 흐름을 만들어주는 것이 중요하다.

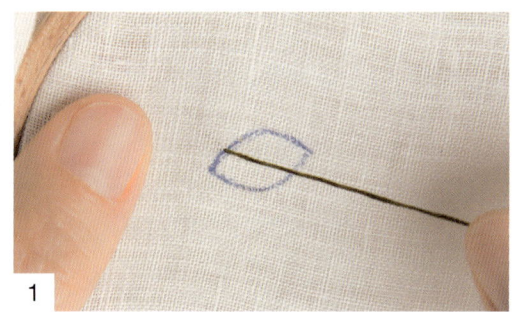

1 채워질 면을 분할해 시작점을 잡는다.

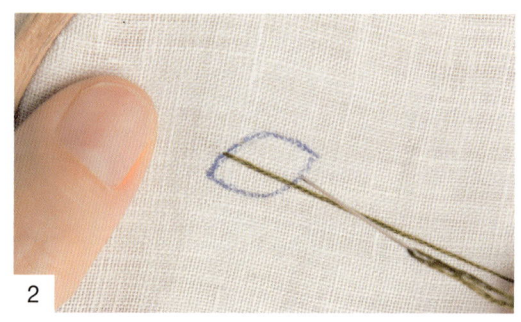

2 기울기를 만들어 한 땀을 꽂는다.

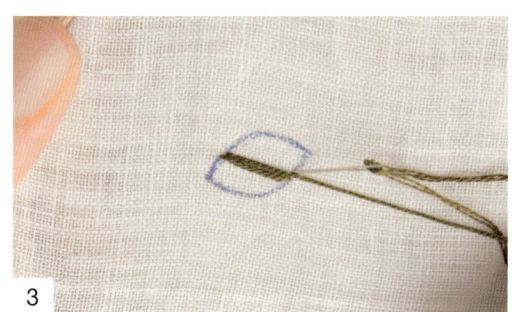

3 시작점 옆에서 바늘을 뺀 후 나란히 땀을 만든다.

4 한쪽 면을 채워준다.

5 반대쪽 면도 ③~④를 반복해 채워 마무리한다.

스플릿

두 가닥의 실을 갈라가며 수놓는 기법이다. 체인 스티치보다 볼륨 있는 선이나 면을 채우는 방법으로 두 가지 컬러를 함께 표현하기에 효과적이다.

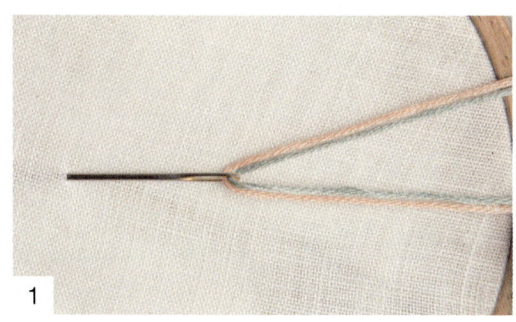

1

색상이 다른 두 개의 실을 바늘 하나에 끼운다. (4가닥 혹은 6가닥을 사용)

2

시작점에서 바늘을 뺀 후 두 가지 색상의 실을 갈라놓는다.

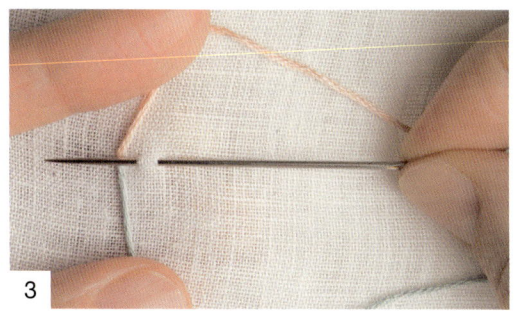

3

한 땀의 반을 뜬다.

4

볼륨 있게 천 위에 당겨 놓아준다.

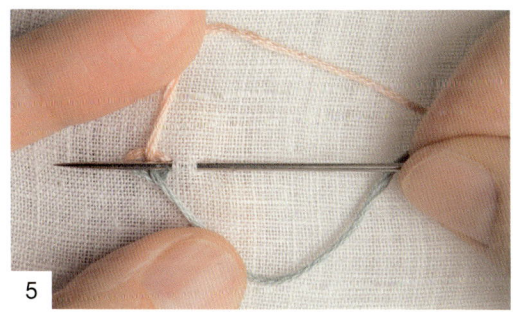

5

다시 한 땀의 반을 반복해 수를 놓는다.

6

끝나는 점에서 수를 마무리한다.

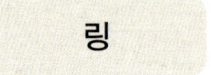

고리 모양을 만드는 기법으로 구슬이나 원형, 꽃송이로 표현하기에 좋다. 실을 감는 방향이 시계 방향이 되게 만들어준다.

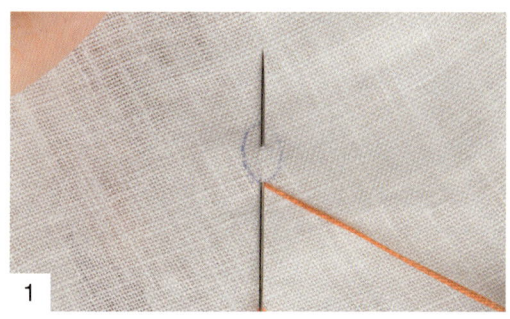

1

원의 아랫부분에서 바늘을 뽑아 왼쪽에서 원 크기의 2/3 정도에 땀을 뜬다.

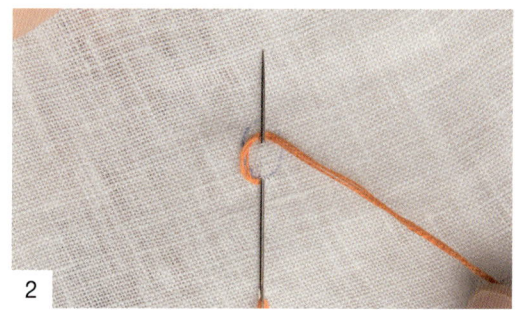

2

시계 방향으로 실을 감는다.

3

원하는 크기만큼 링을 만들어 감아준 후 오른쪽에 실의 여유를 남긴다.

4

엄지로 눌러 링을 고정한 후 바늘을 위로 뺀다.

5

바늘을 수직으로 꽂아 링의 윗부분을 고정한다.

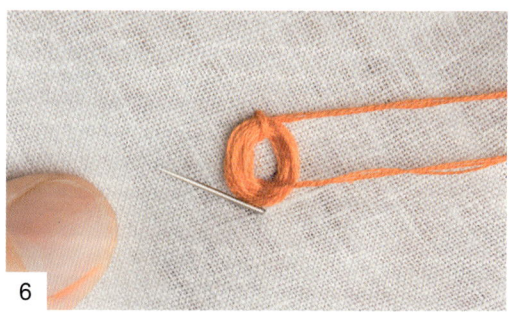

6

링 아래에서 바늘을 빼낸다.

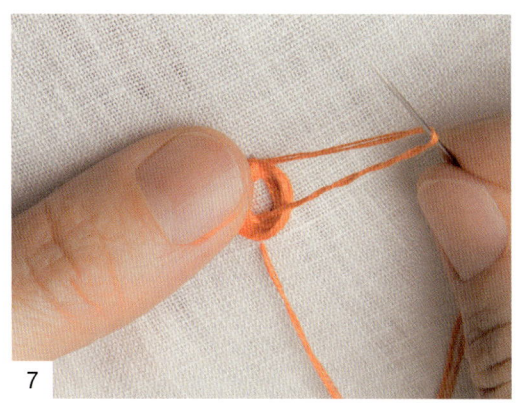

7 오른쪽에 남긴 실에 바늘을 아래에서 위로 통과한다.

8 엄지 손가락으로 링을 고정한 후 오른쪽에 남겨진 실을 당겨준 후 바늘을 수직으로 꽂아준다.

9 수를 마무리한다.

PART 3
자수 도안과 스티치

DMC 자수실 번호, (실 가닥 수), 스티치 기법 순
예) 167 (2) 백

멋쟁이 새 친구들
자수 이미지 10쪽

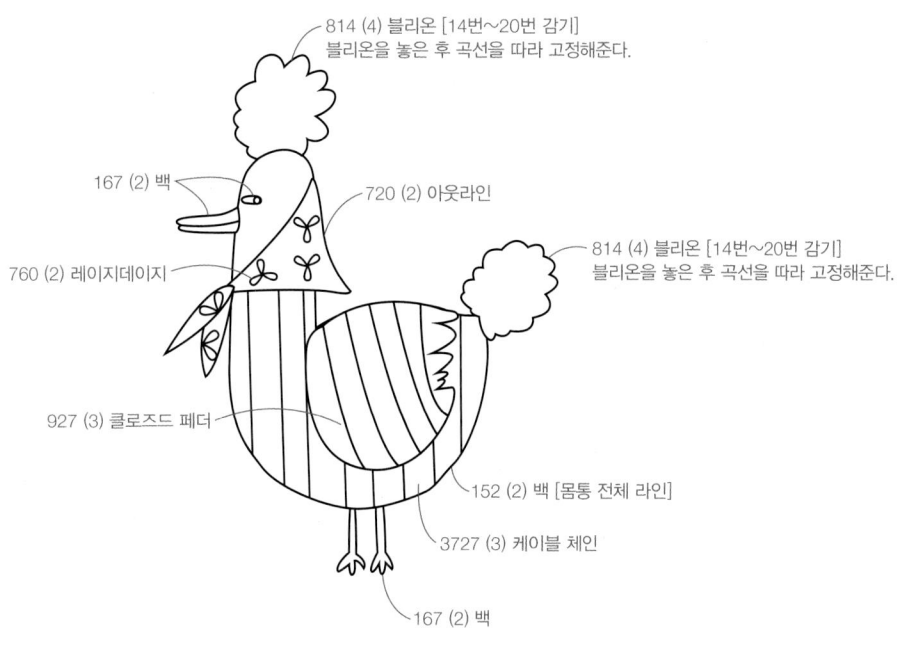

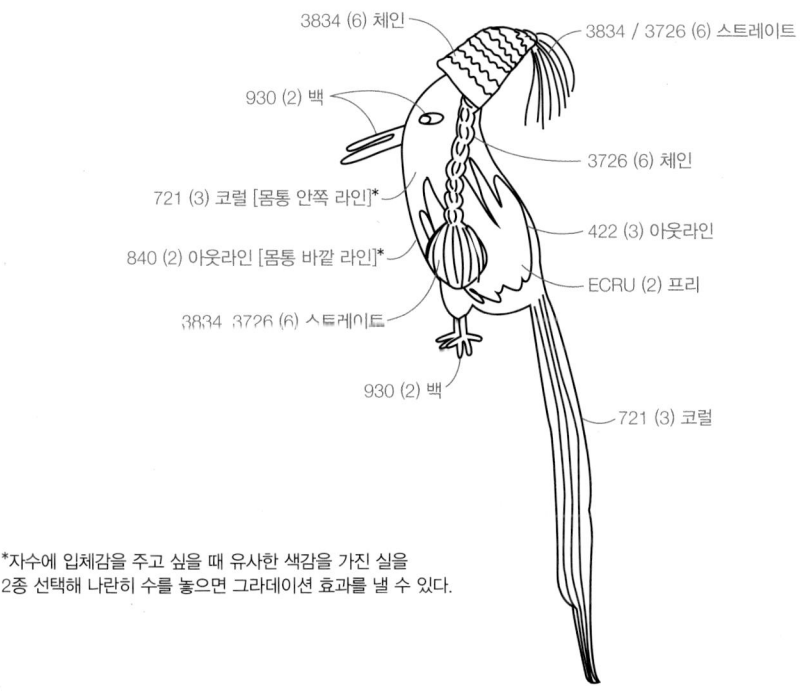

*자수에 입체감을 주고 싶을 때 유사한 색감을 가진 실을 2종 선택해 나란히 수를 놓으면 그라데이션 효과를 낼 수 있다.

3011 (2) 아웃라인
319 (3) 아웃라인
760 (3) 체인
754 (3) 체인

3687 (4) 블리온 [13번~27번 감기]
블리온을 놓은 후 곡선을 따라 고정해준다.

152 (6) 아웃라인
310 (3) 아웃라인
3777 (2) 백
3810 (3) 아웃라인
921 (3) 아웃라인
167 (1) 백
3687 (4) 클로즈드 페더
743 (3) 아웃라인 [몸통 전체 라인]
3835 (3) 아웃라인
167 (1) 백
3808 (2) 백
152 (4) 체인
310 (3) 아웃라인 필링
550 (2) 백
3865 (6) 프렌치 노트 3번 감기
3777 (2) 백

791 (6) 코럴

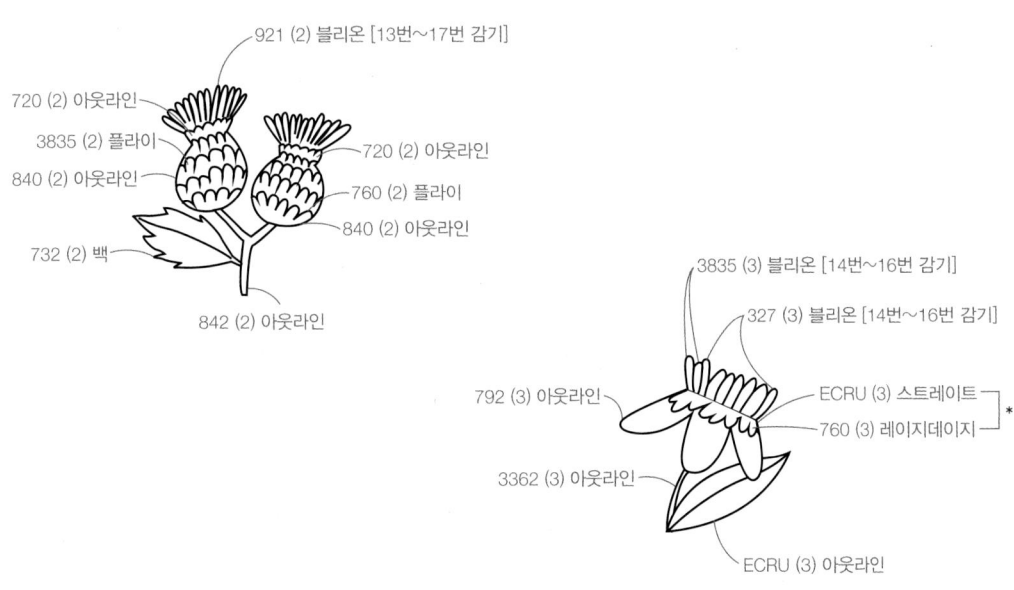

*레이지데이지 수놓은 후 ECRU로 스트레이트해서 면을 채운다.

출근하는 강아지
자수 이미지 12쪽

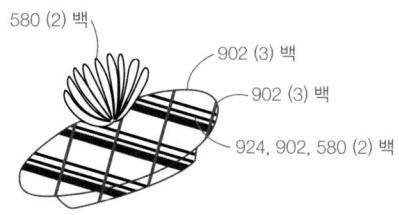
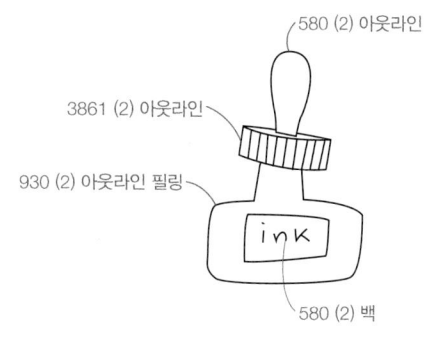
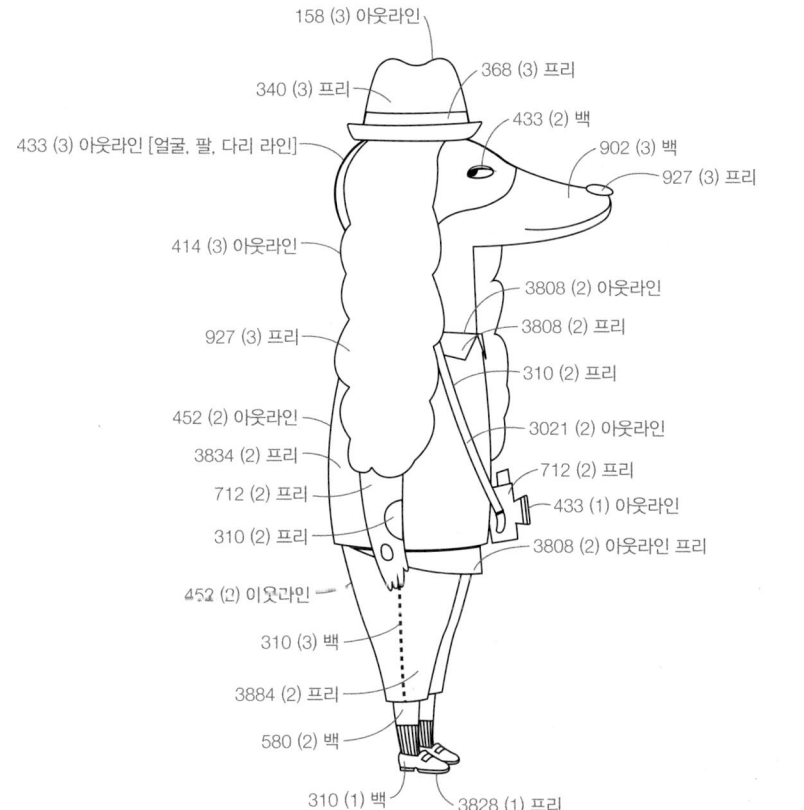

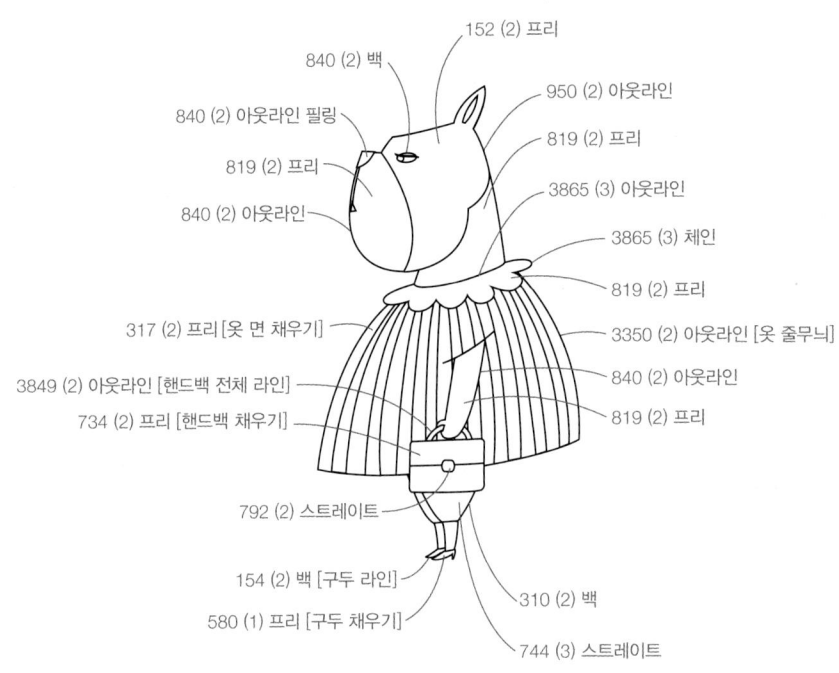

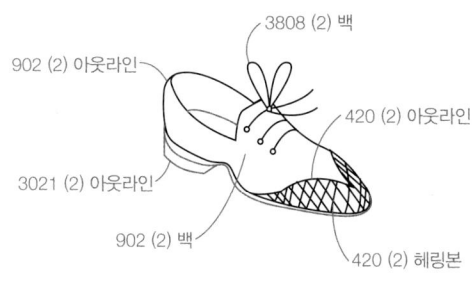
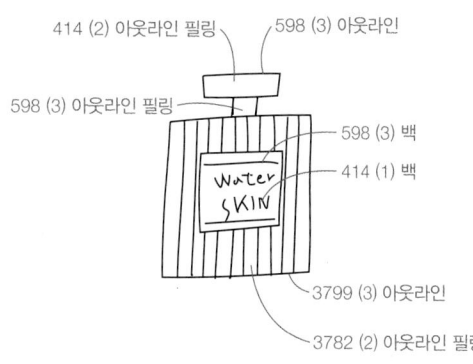
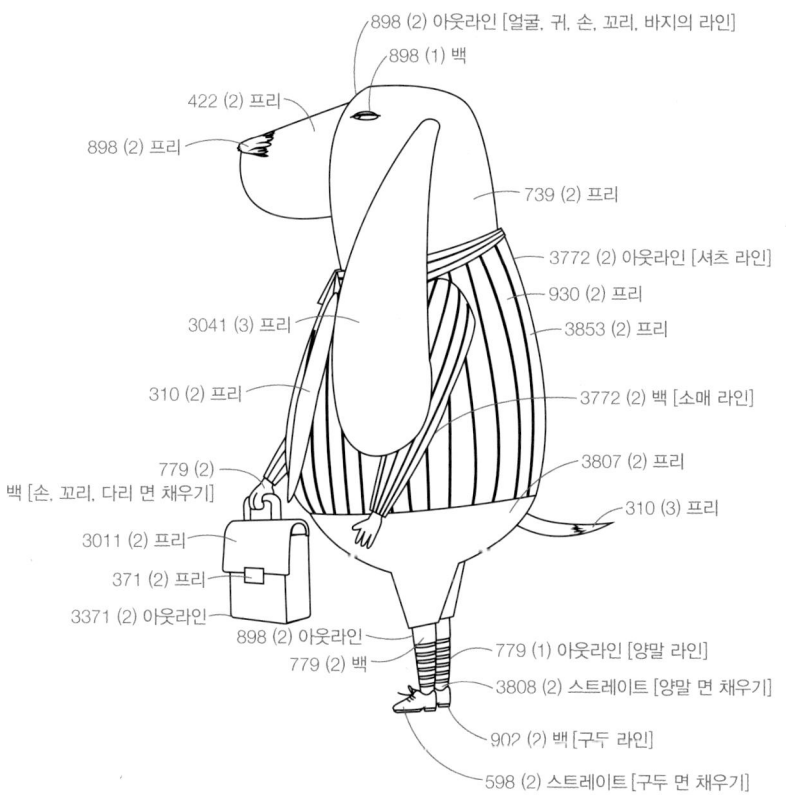

젠틀맨 룩
자수 이미지 14쪽

* 실론 스티치는 백 스티치를 놓은 후 백 스티치에 뜨개코를 만들어가며 수놓는다.
* 목도리 자락 아랫부분에서 백 스티치 3개 이후 뜨개.
  목도리 오른쪽 뒷목 부분에서 백 스티치 6개 이후 뜨개.

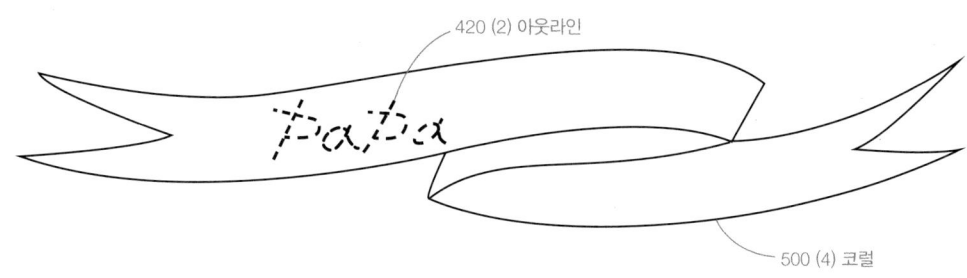
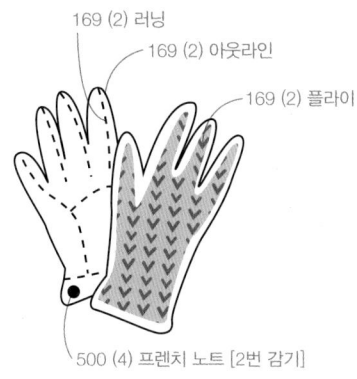
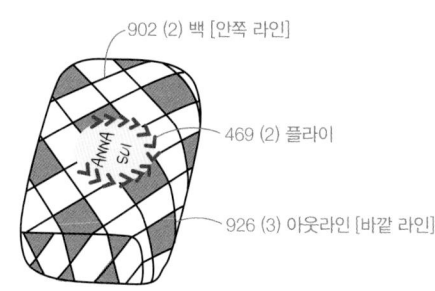
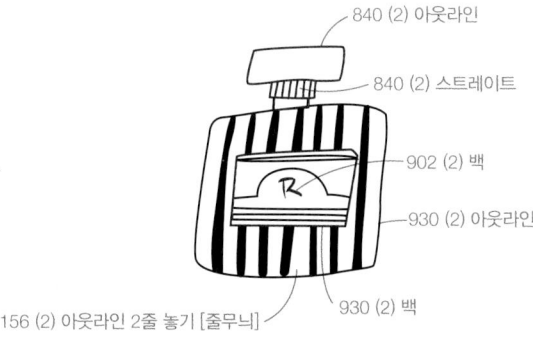
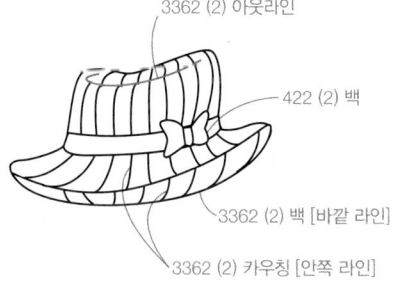

장보는 푸들
자수 이미지 16쪽

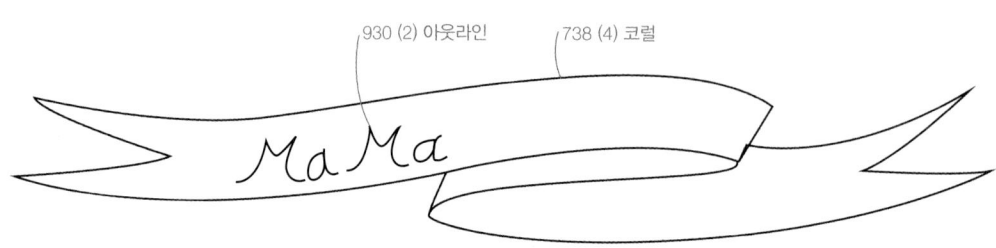

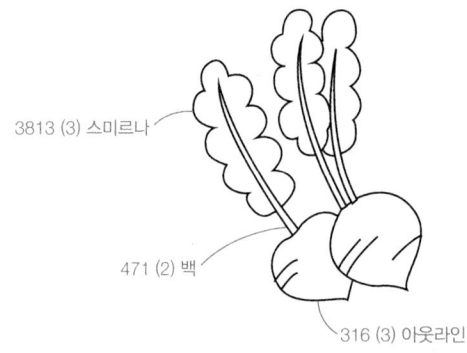

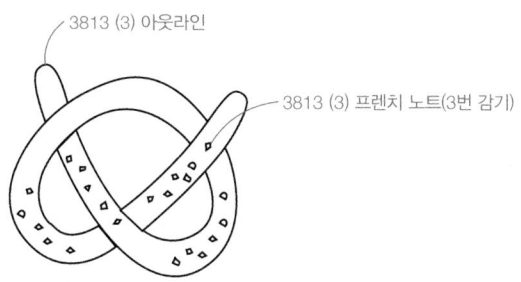

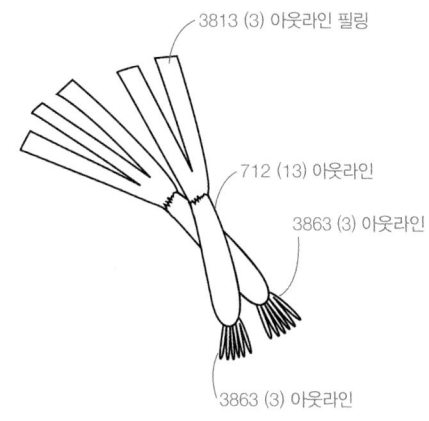

코티지 가든 플라워 1
자수 이미지 20쪽

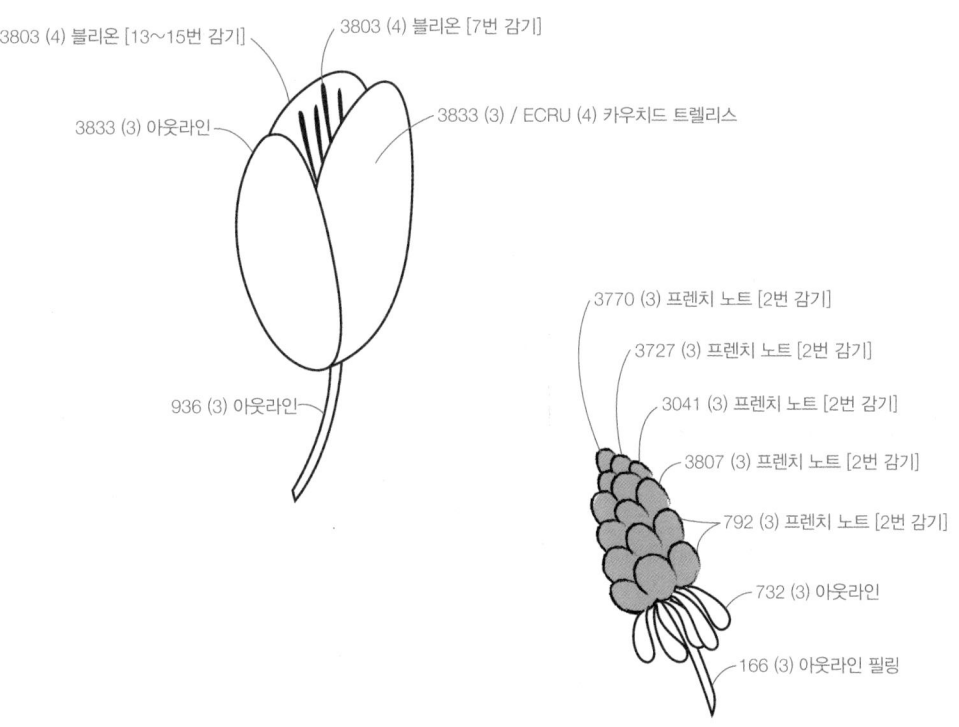
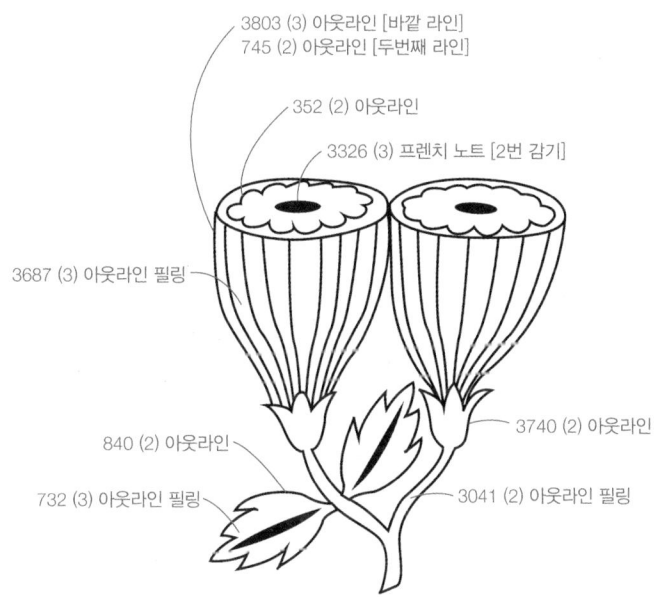

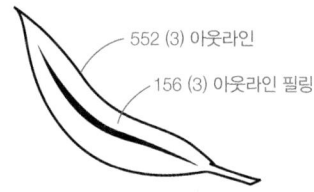
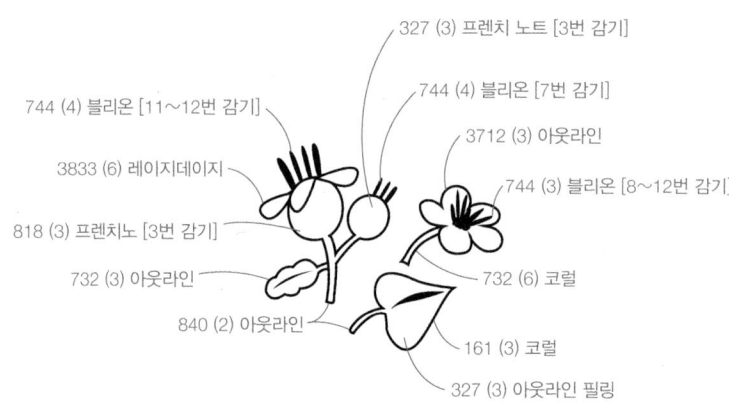
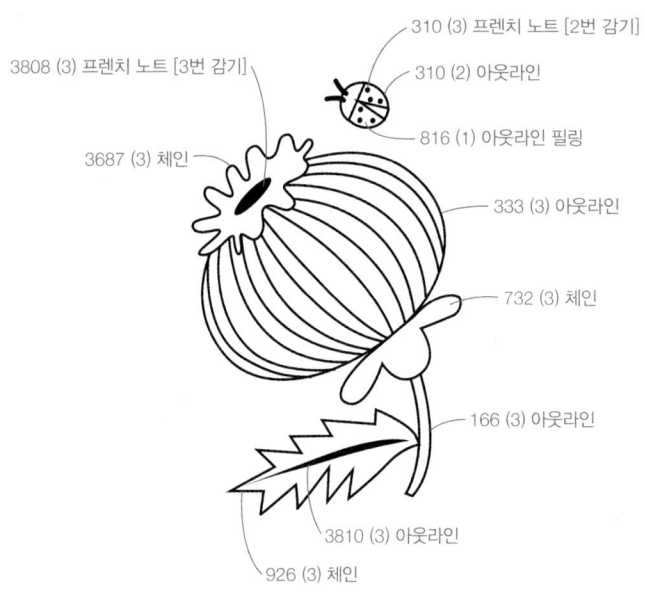

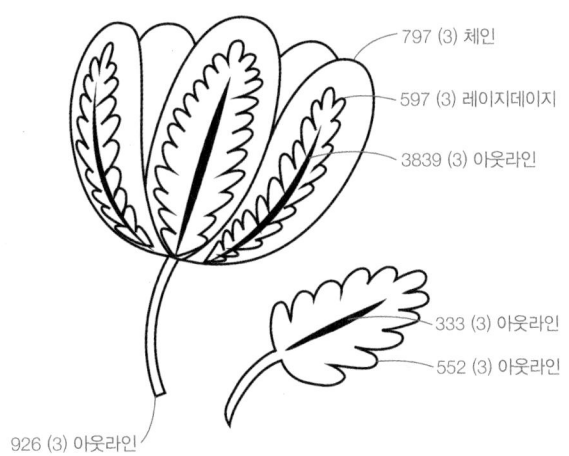

코티지 가든 플라워 2
자수 이미지 22쪽

스카프 레이디의 가방
자수 이미지 24쪽

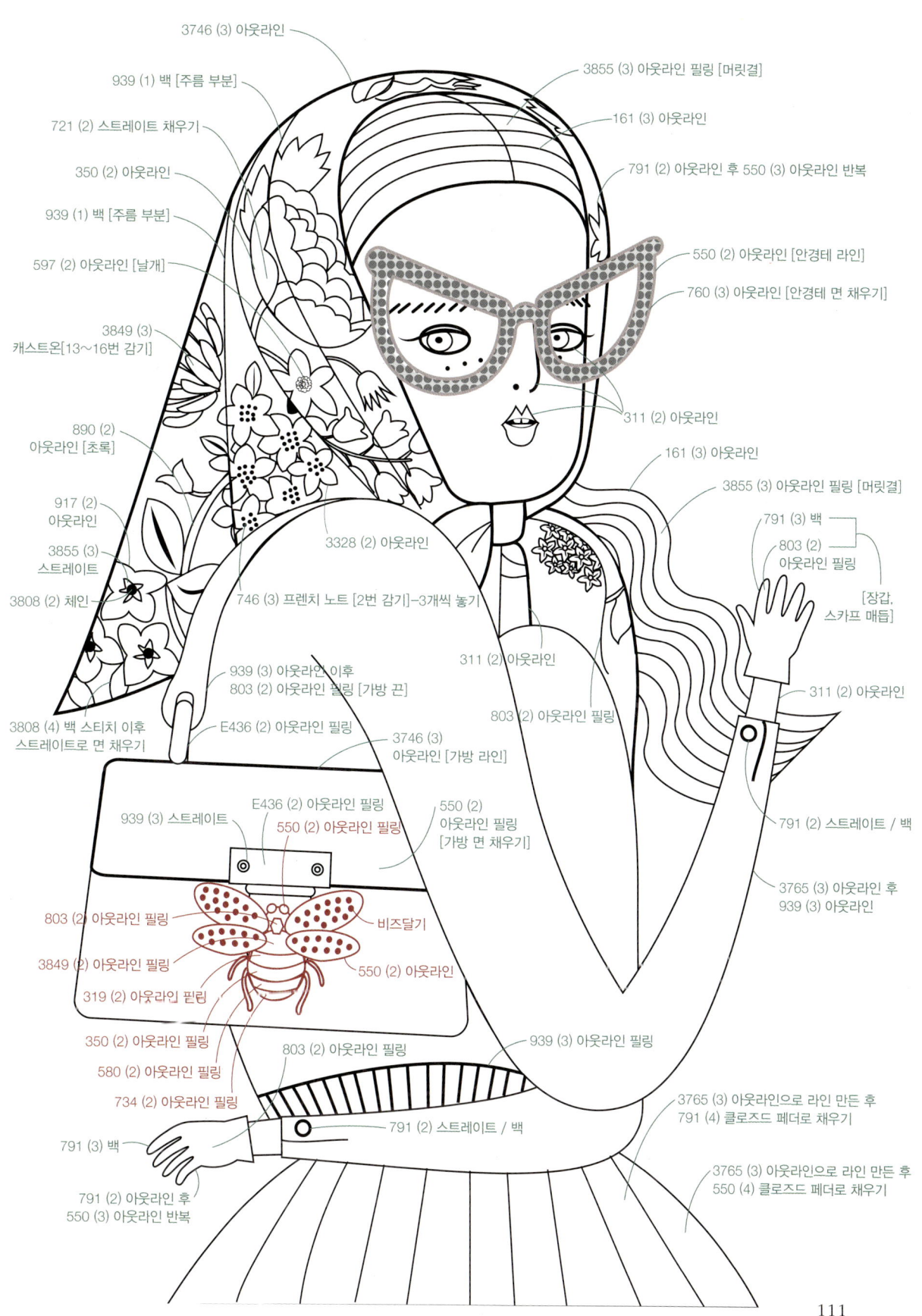

앨리스와 시계토끼
자수 이미지 26쪽

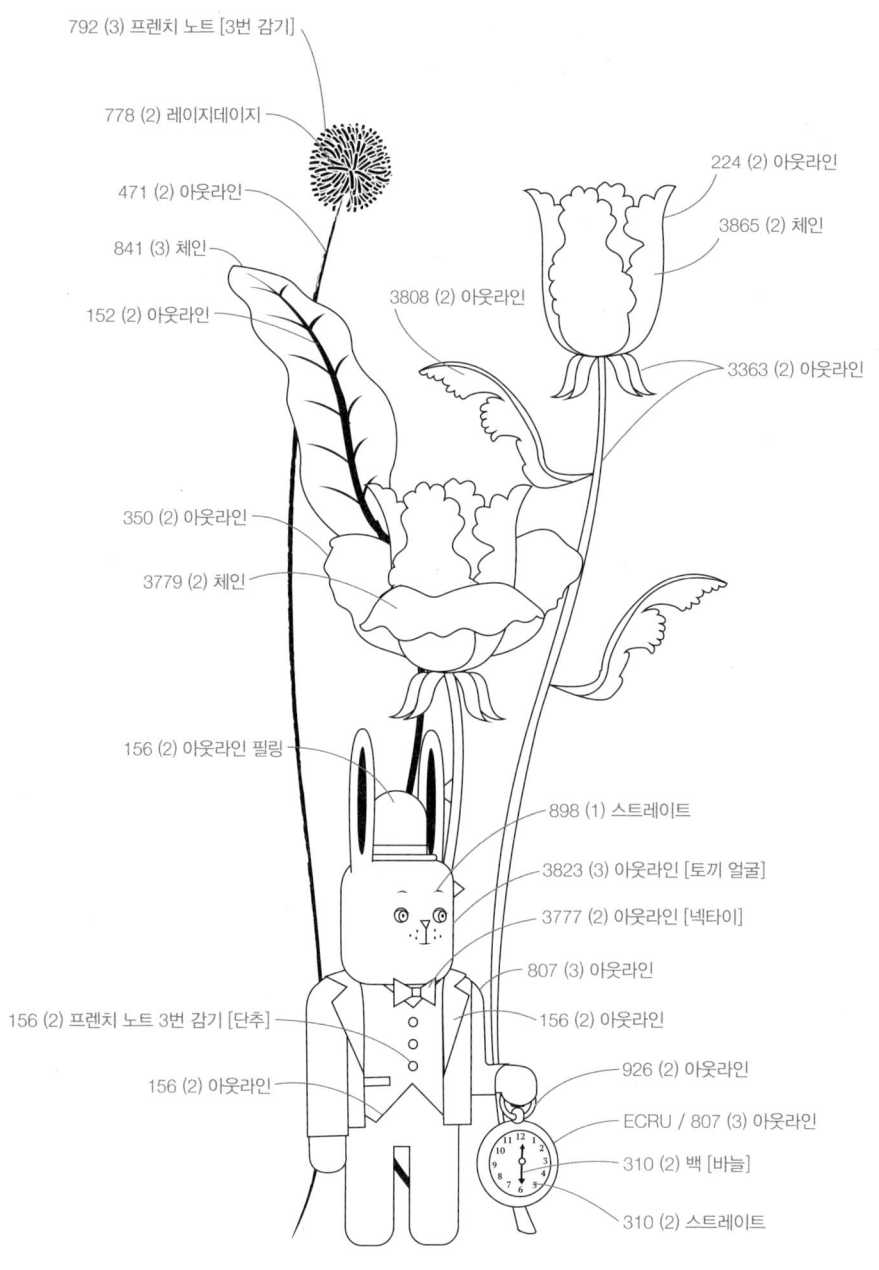

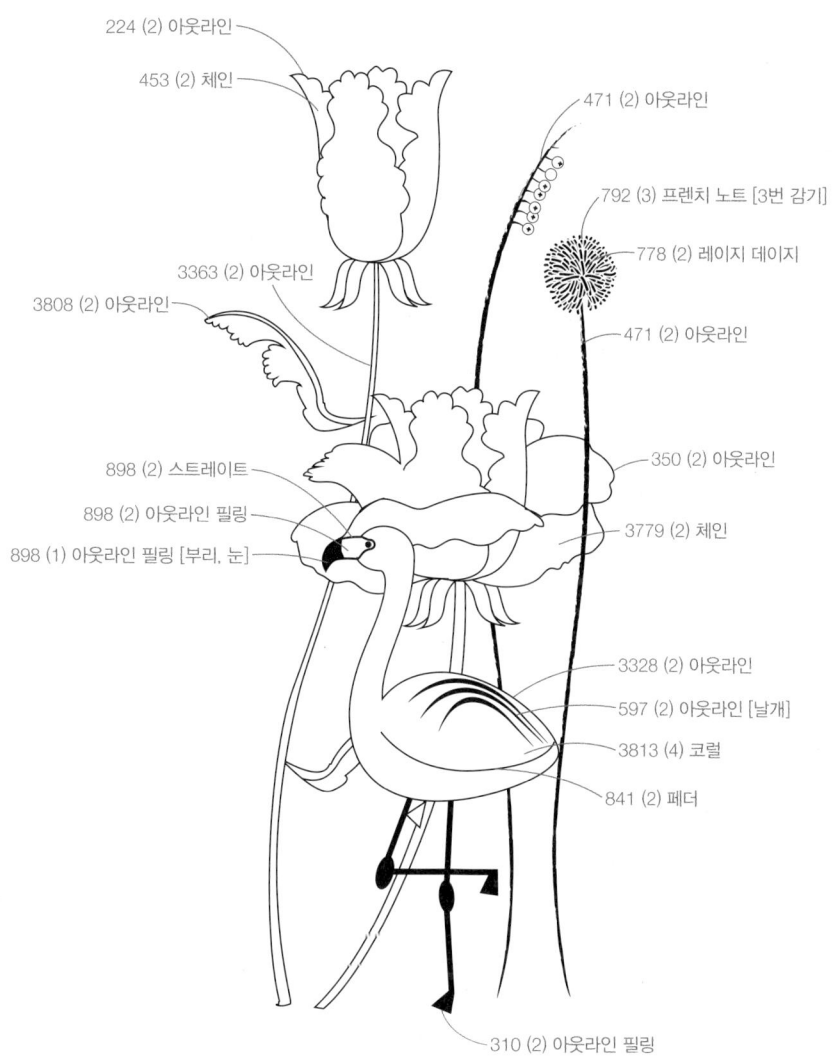

호호 아줌마
자수 이미지 28쪽

튤립 레이디
자수 이미지 30쪽

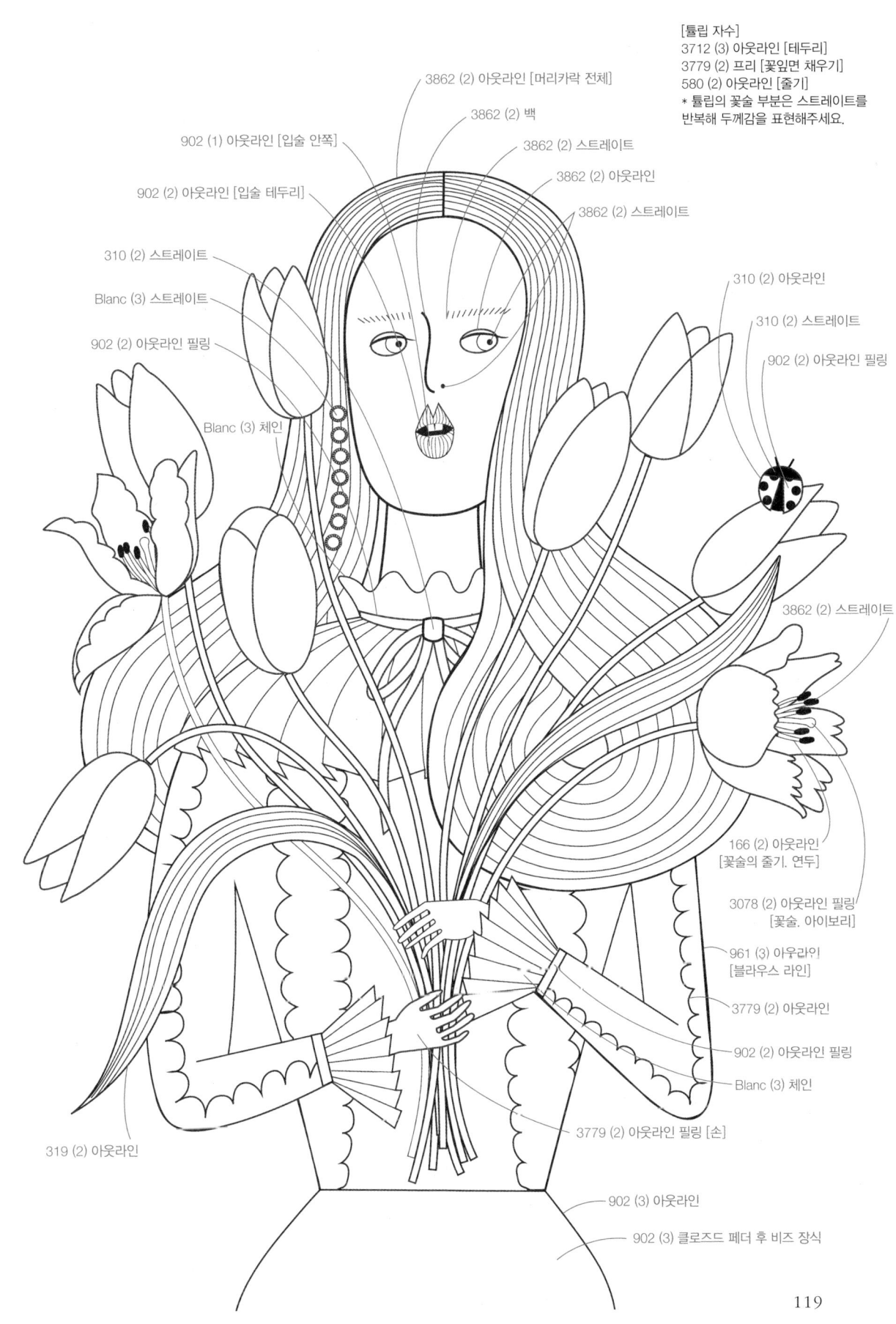

빅토리안 레이디
자수 이미지 32쪽

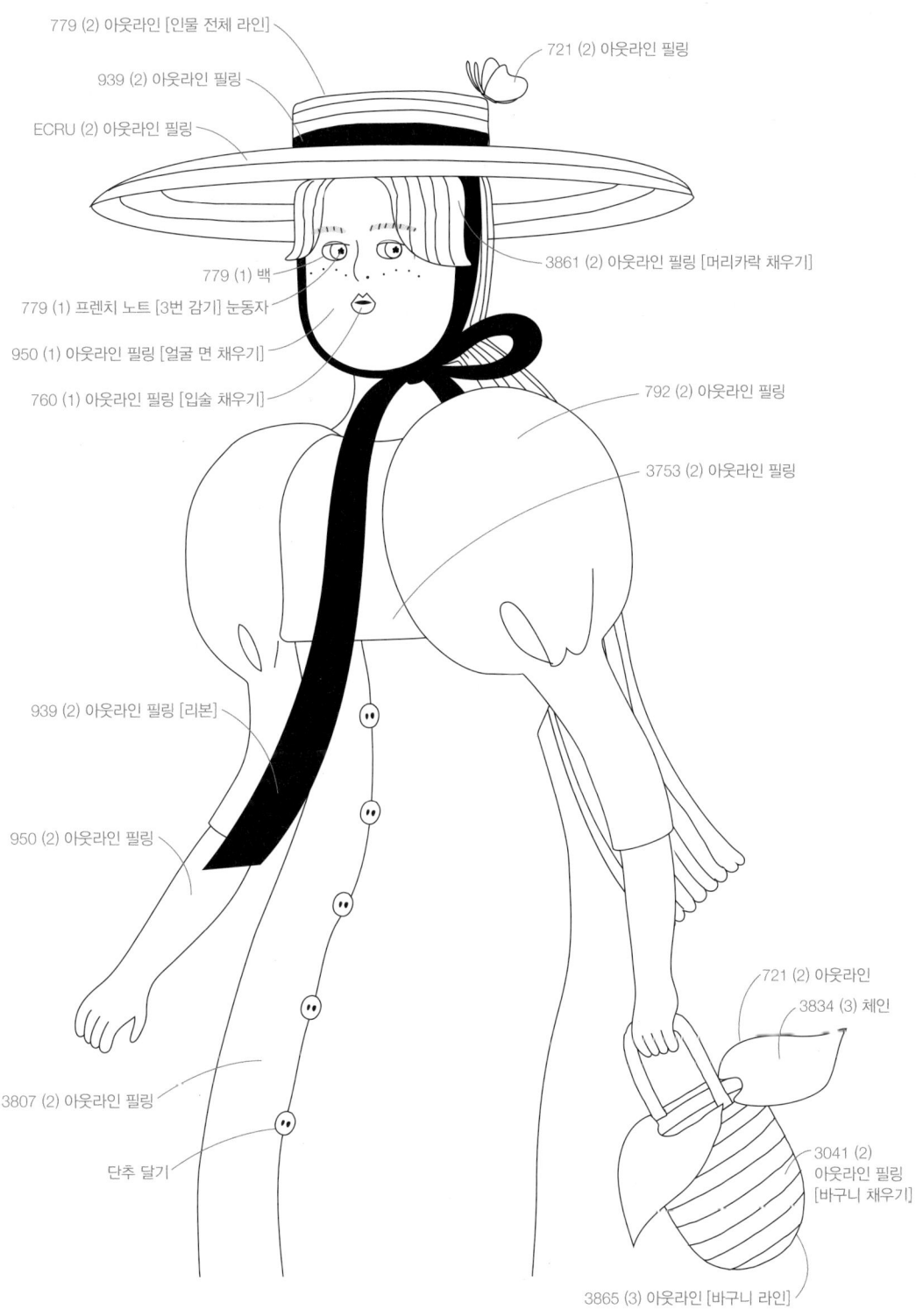

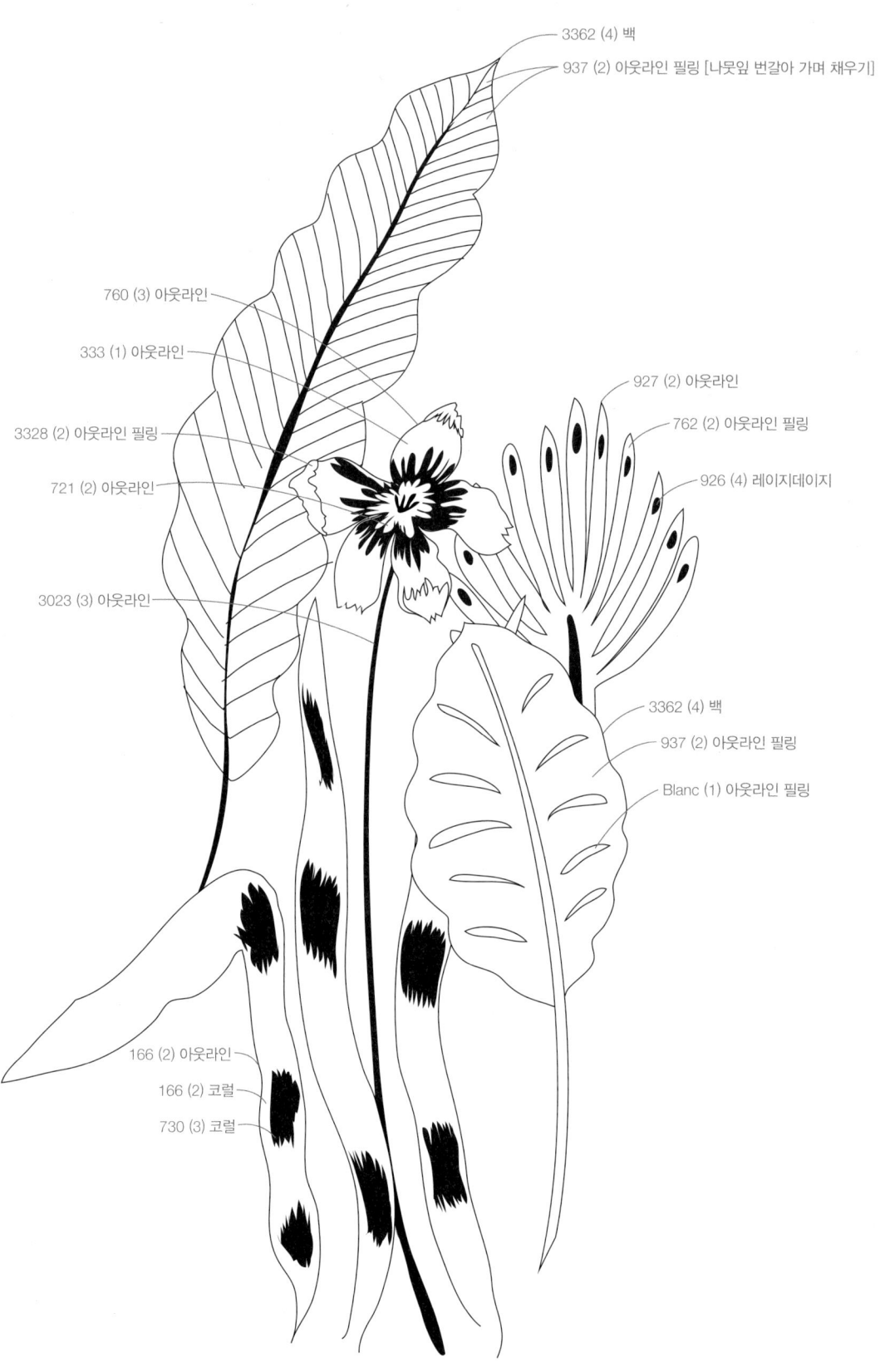

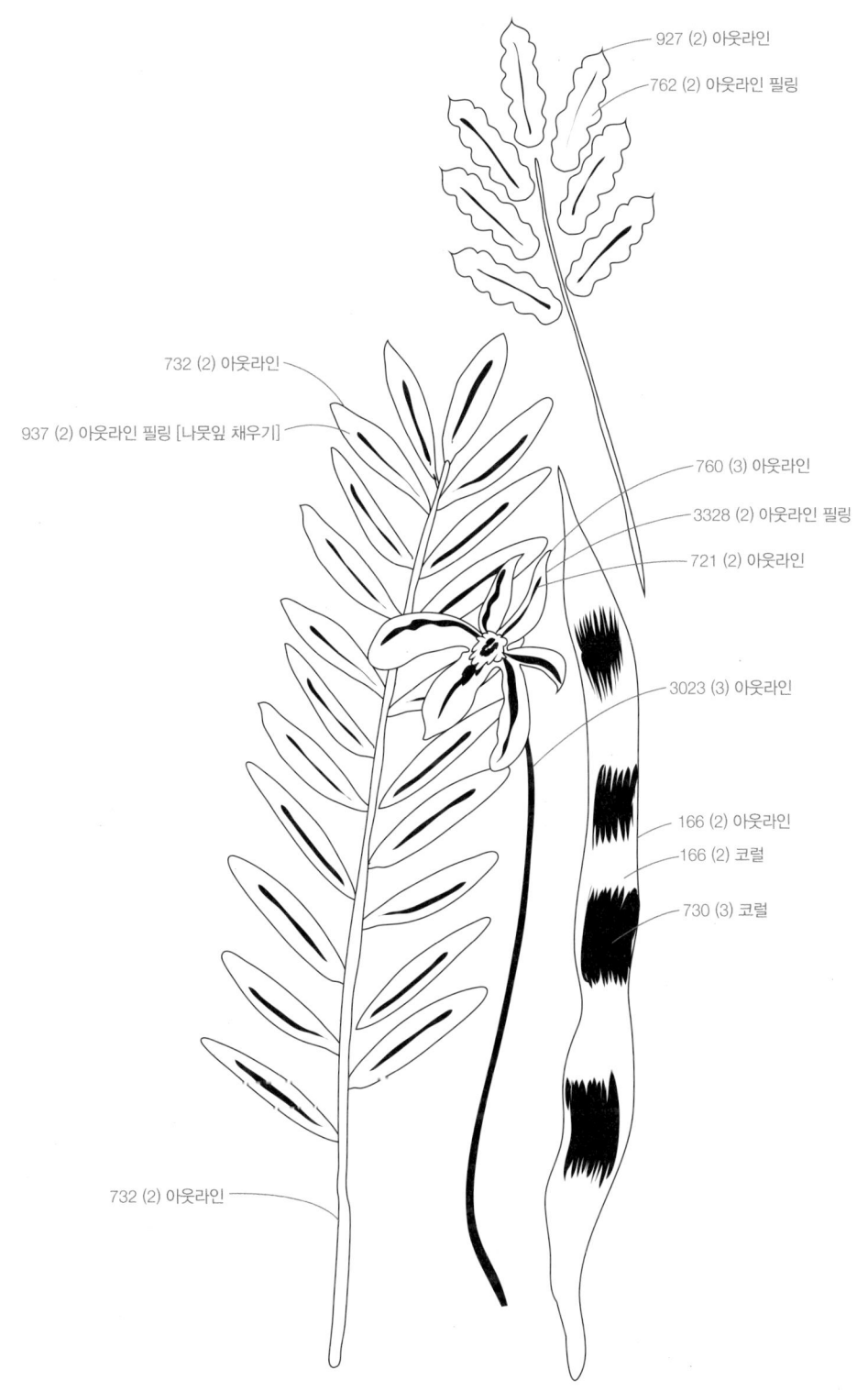

123

Amor fati

아모르 파티
자수 이미지 34쪽

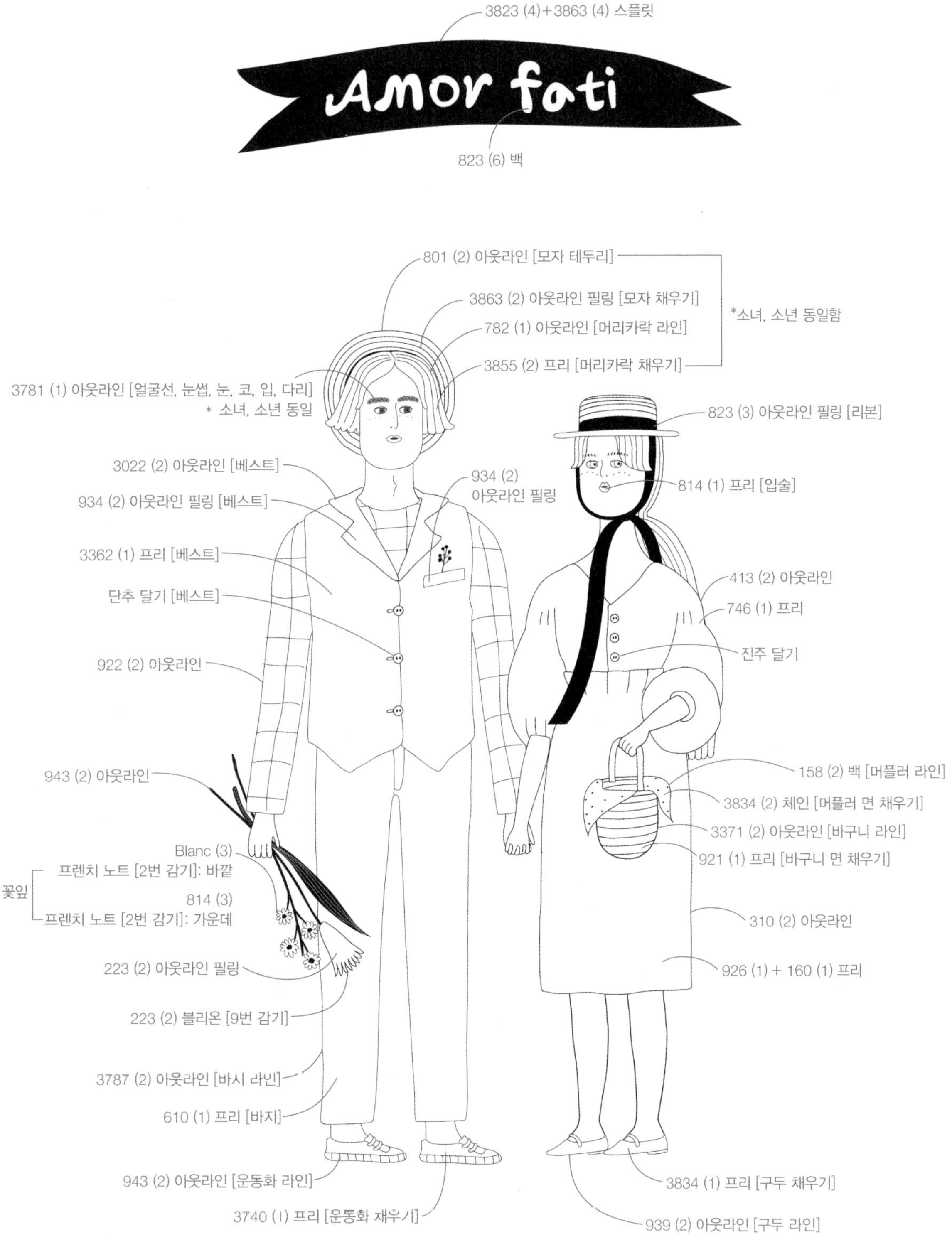

3823 (4)+3863 (4) 스플릿

Amor fati

823 (6) 백

801 (2) 아웃라인 [모자 테두리]
3863 (2) 아웃라인 필링 [모자 채우기]
782 (1) 아웃라인 [머리카락 라인]
3855 (2) 프리 [머리카락 채우기]

*소녀, 소년 동일함

3781 (1) 아웃라인 [얼굴선, 눈썹, 눈, 코, 입, 다리]
* 소녀, 소년 동일

823 (3) 아웃라인 필링 [리본]

3022 (2) 아웃라인 [베스트]
934 (2) 아웃라인 필링 [베스트]
934 (2) 아웃라인 필링
814 (1) 프리 [입술]

3362 (1) 프리 [베스트]
단추 달기 [베스트]

413 (2) 아웃라인
746 (1) 프리
진주 달기

922 (2) 아웃라인

943 (2) 아웃라인

158 (2) 백 [머플러 라인]
3834 (2) 체인 [머플러 면 채우기]
3371 (2) 아웃라인 [바구니 라인]
921 (1) 프리 [바구니 면 채우기]

꽃잎
Blanc (3)
프렌치 노트 [2번 감기]: 바깥
814 (3)
프렌치 노트 [2번 감기]: 가운데

310 (2) 아웃라인
926 (1) + 160 (1) 프리

223 (2) 아웃라인 필링
223 (2) 블리온 [9번 감기]

3787 (2) 아웃라인 [바시 라인]
610 (1) 프리 [바지]

943 (2) 아웃라인 [운동화 라인]
3740 (1) 프리 [운동화 채우기]

3834 (1) 프리 [구두 채우기]
939 (2) 아웃라인 [구두 라인]

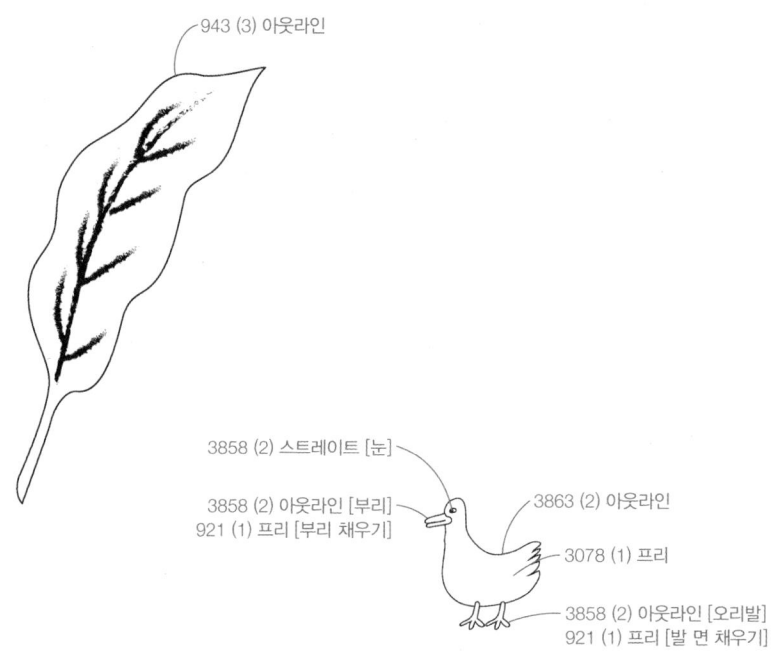
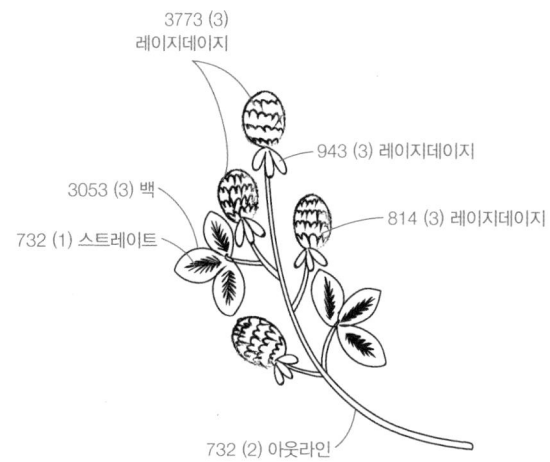

127

수국 레이디
자수 이미지 36쪽

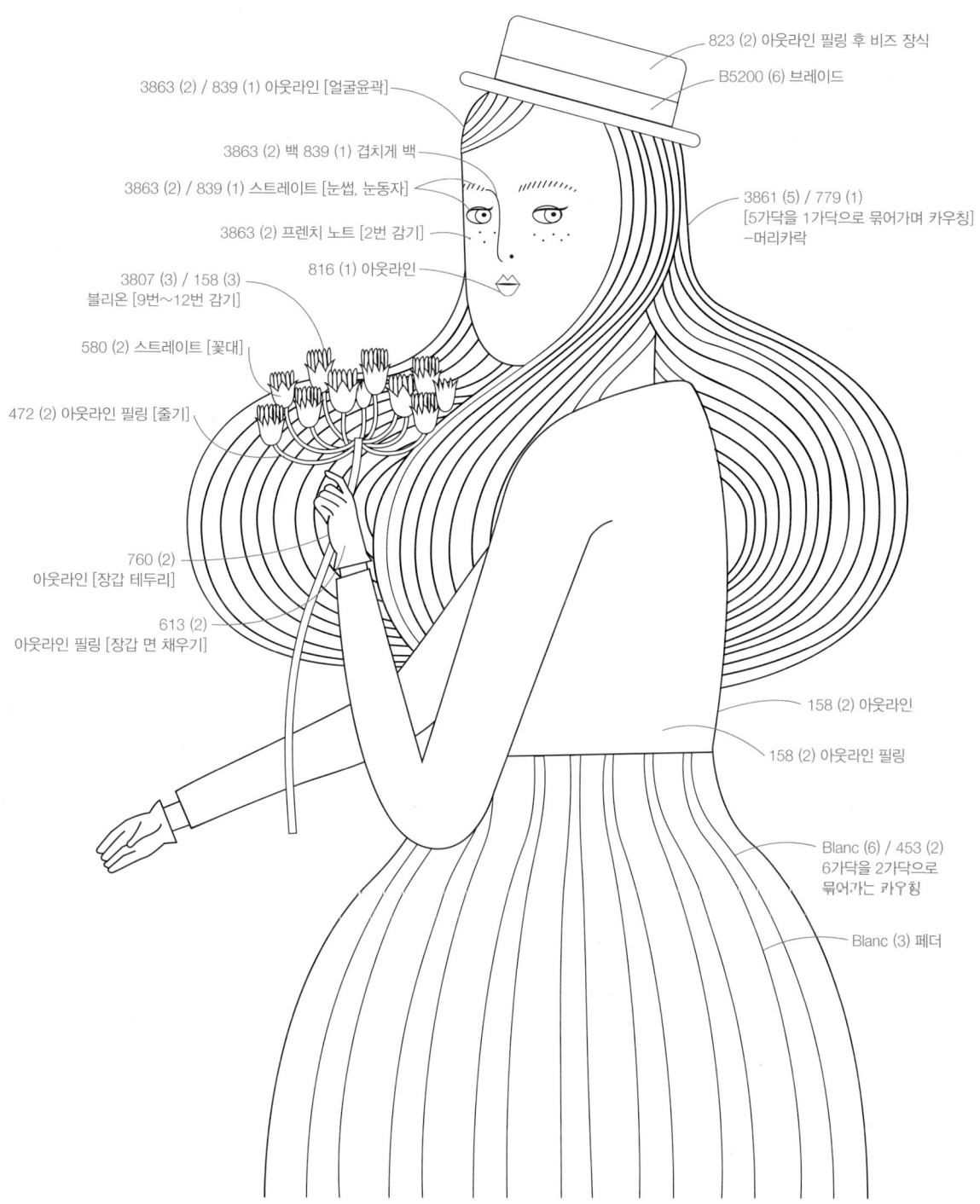

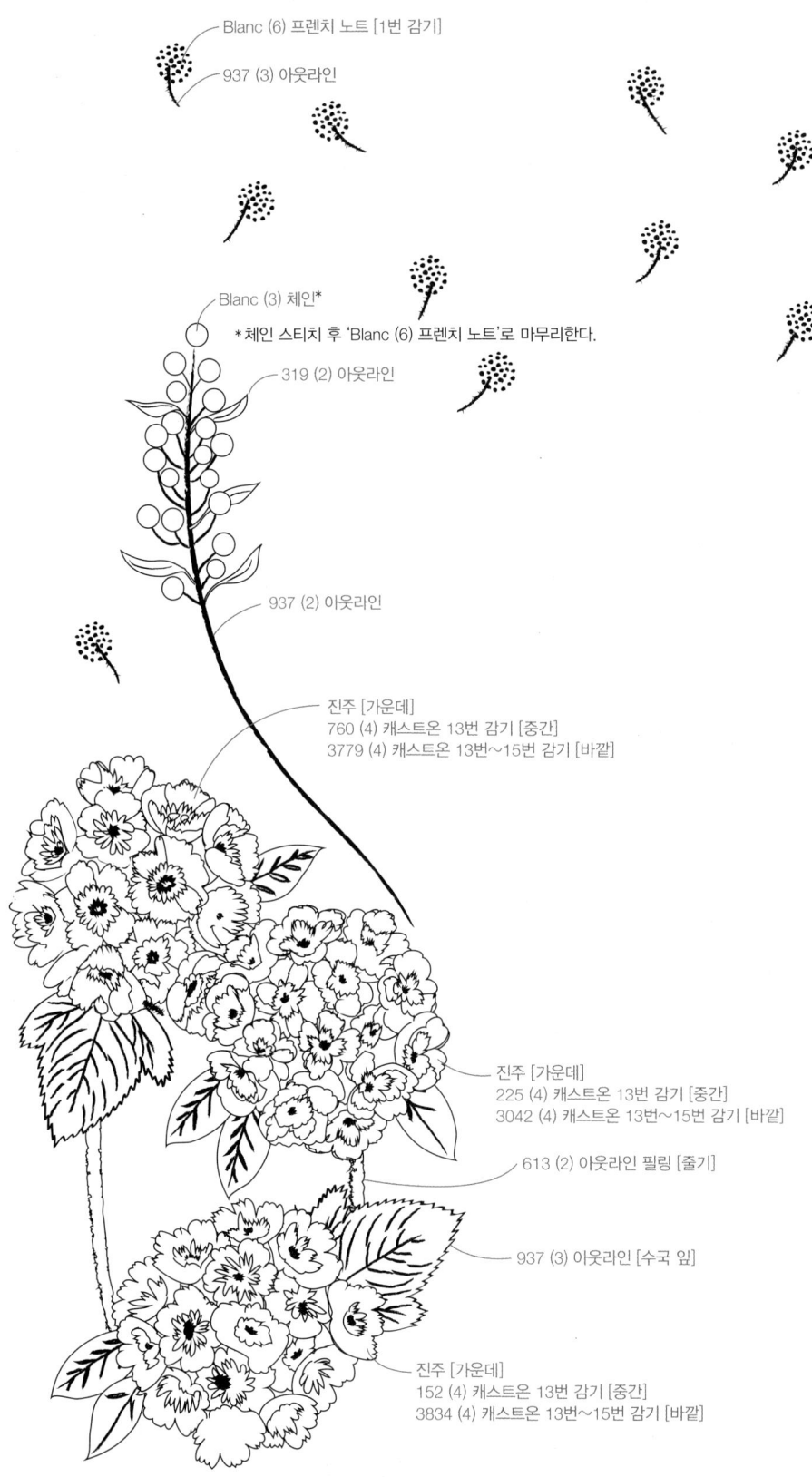

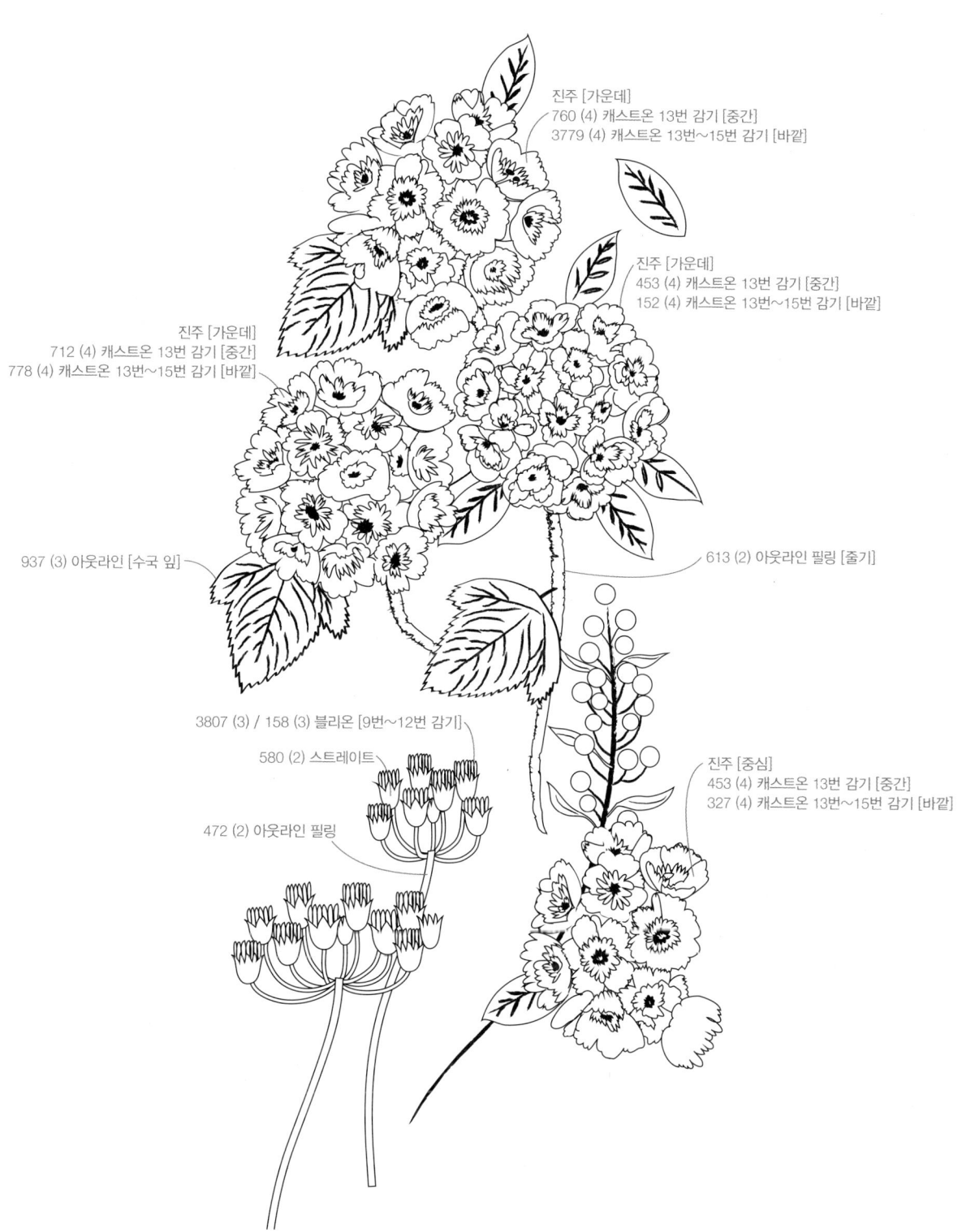

바이올렛 리본 레이디
자수 이미지 38쪽

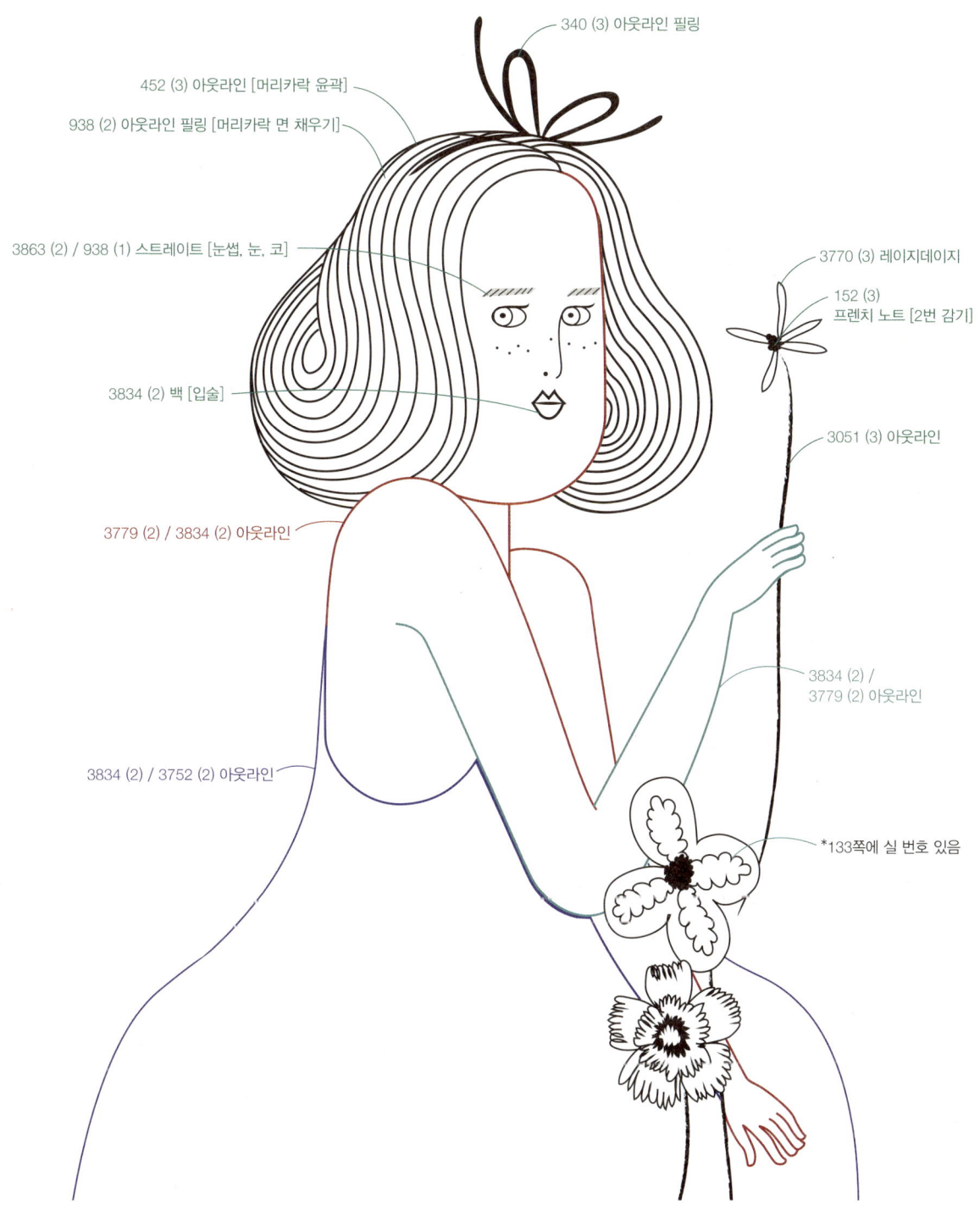

*바깥쪽부터 순서대로

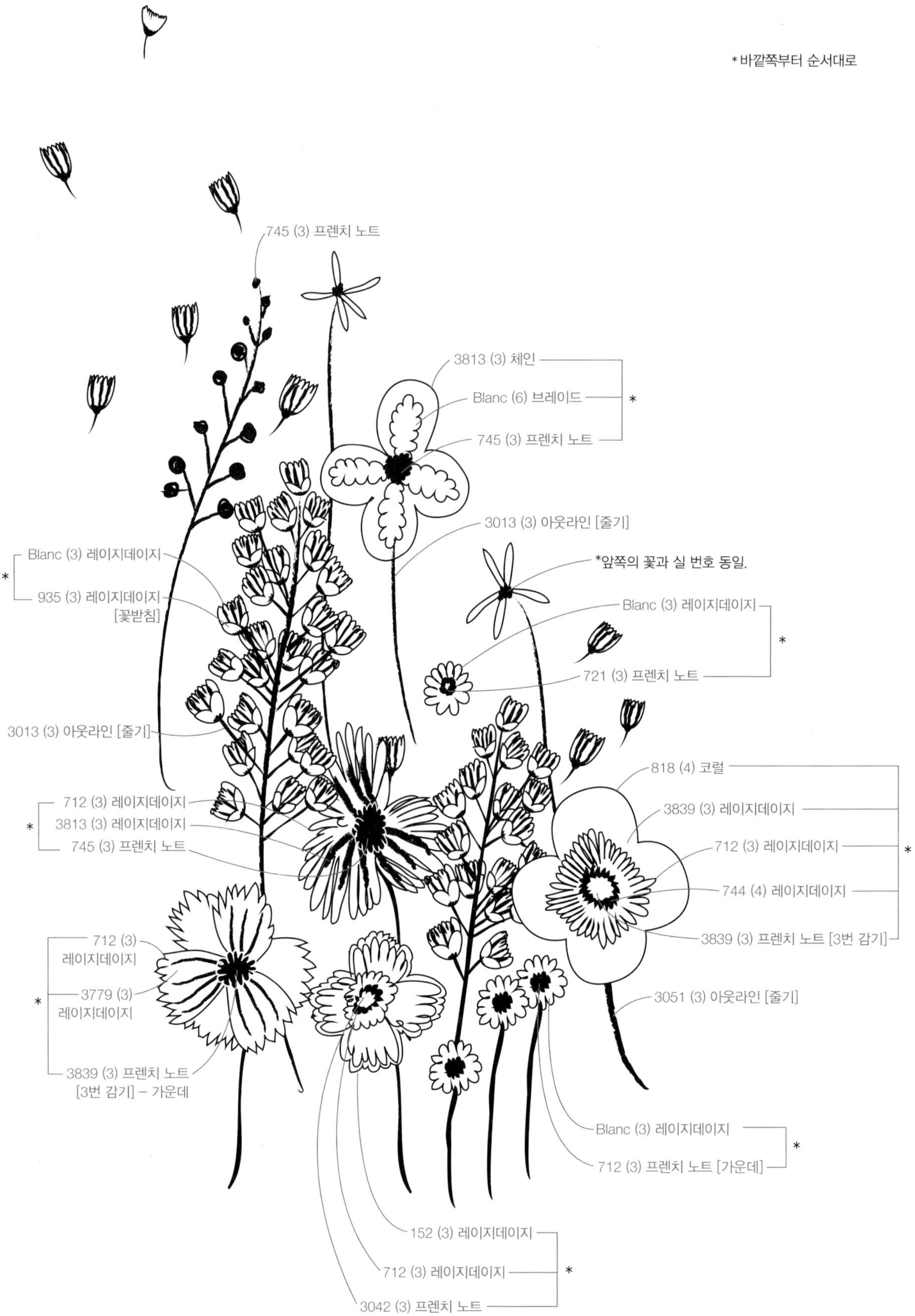

- 745 (3) 프렌치 노트
- 3813 (3) 체인
- Blanc (6) 브레이드 *
- 745 (3) 프렌치 노트
- 3013 (3) 아웃라인 [줄기]

*앞쪽의 꽃과 실 번호 동일.

- Blanc (3) 레이지데이지 *
- 721 (3) 프렌치 노트
- Blanc (3) 레이지데이지
- 935 (3) 레이지데이지 [꽃받침] *
- 3013 (3) 아웃라인 [줄기]
- 712 (3) 레이지데이지
- 3813 (3) 레이지데이지 *
- 745 (3) 프렌치 노트
- 818 (4) 코럴
- 3839 (3) 레이지데이지
- 712 (3) 레이지데이지 *
- 744 (4) 레이지데이지
- 3839 (3) 프렌치 노트 [3번 감기]
- 712 (3) 레이지데이지
- 3779 (3) 레이지데이지 *
- 3839 (3) 프렌치 노트 [3번 감기] – 가운데
- 3051 (3) 아웃라인 [줄기]
- Blanc (3) 레이지데이지 *
- 712 (3) 프렌치 노트 [가운데]
- 152 (3) 레이지데이지
- 712 (3) 레이지데이지 *
- 3042 (3) 프렌치 노트

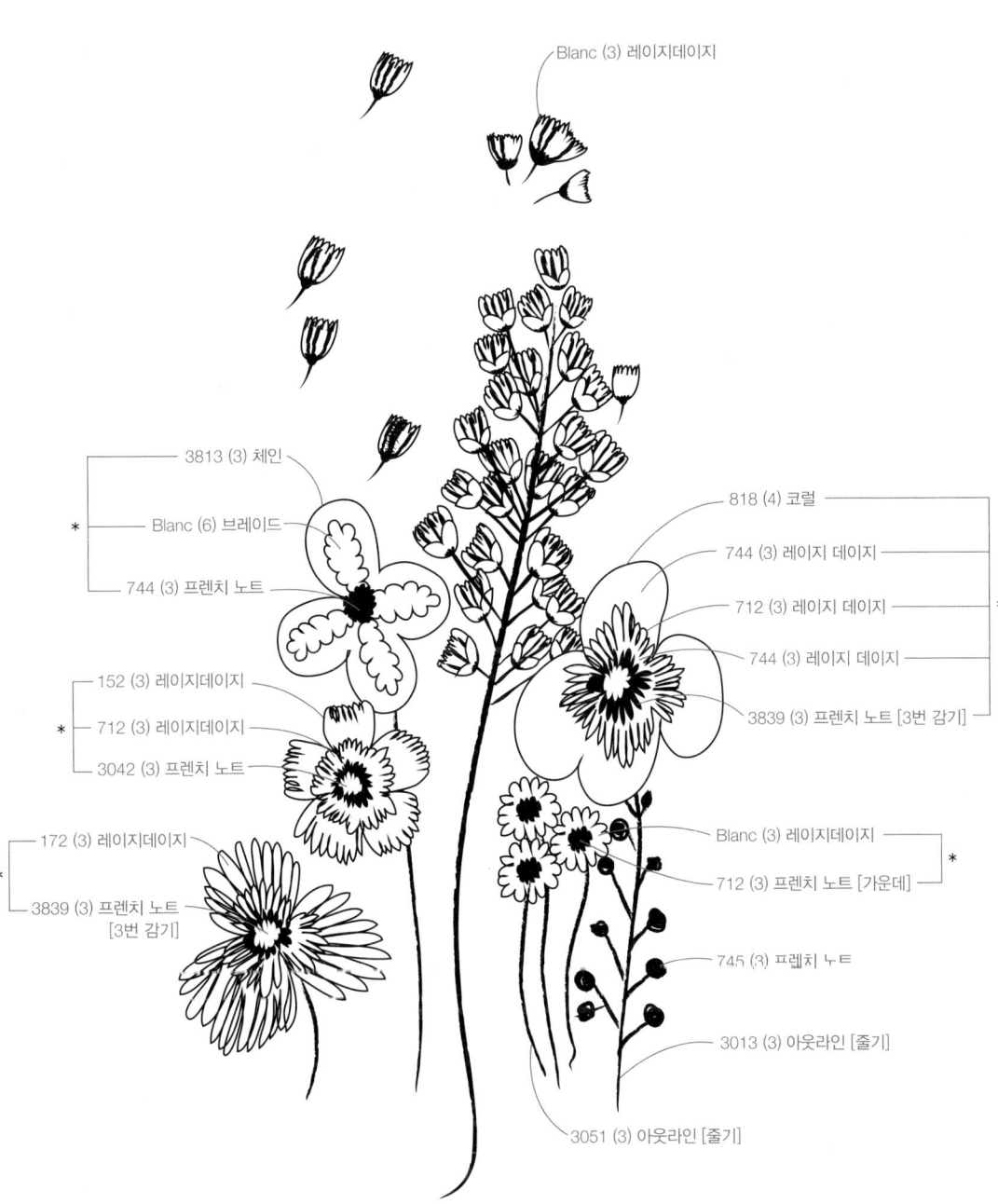

레이디 엠블럼
자수 이미지 40쪽

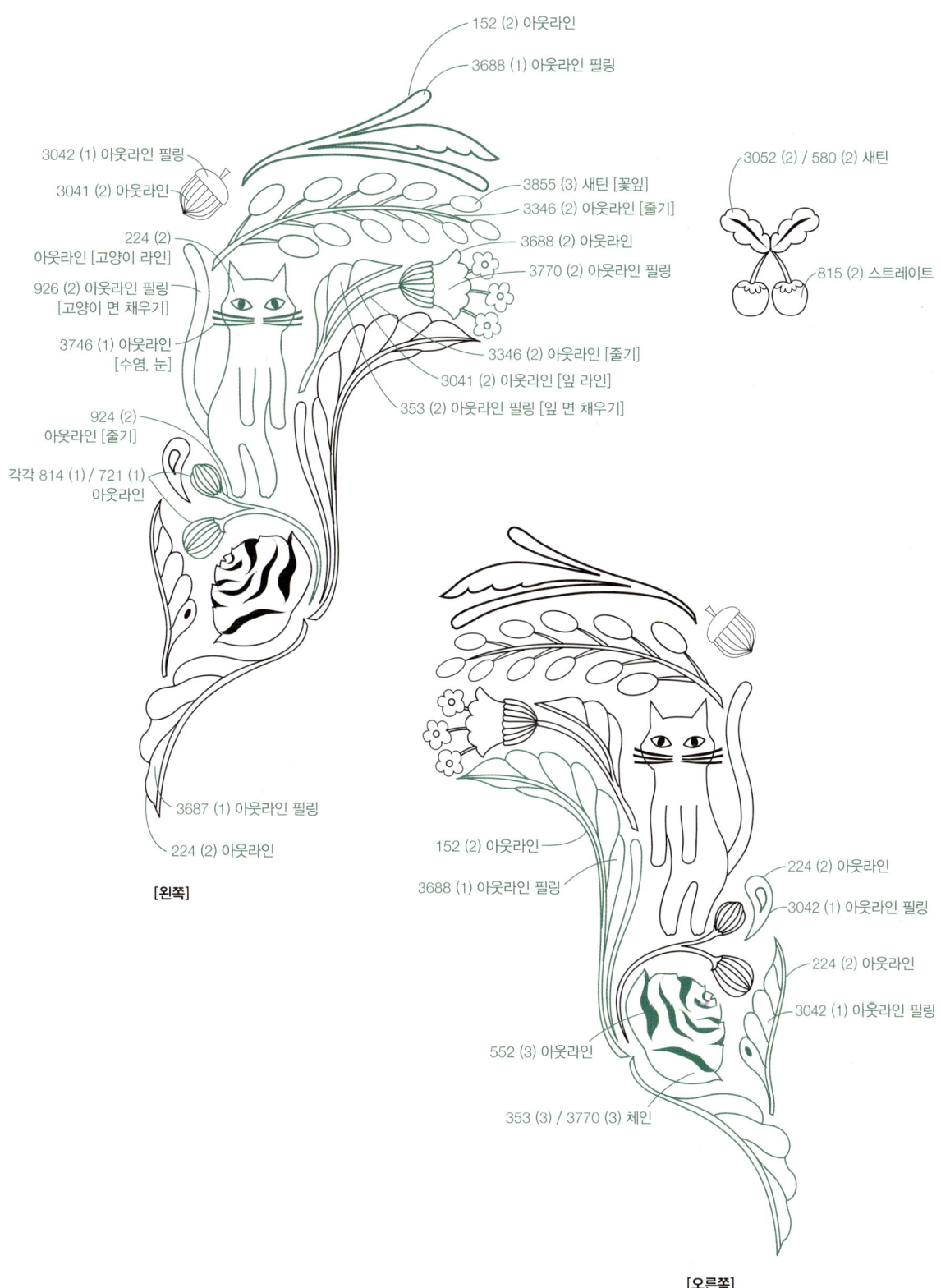

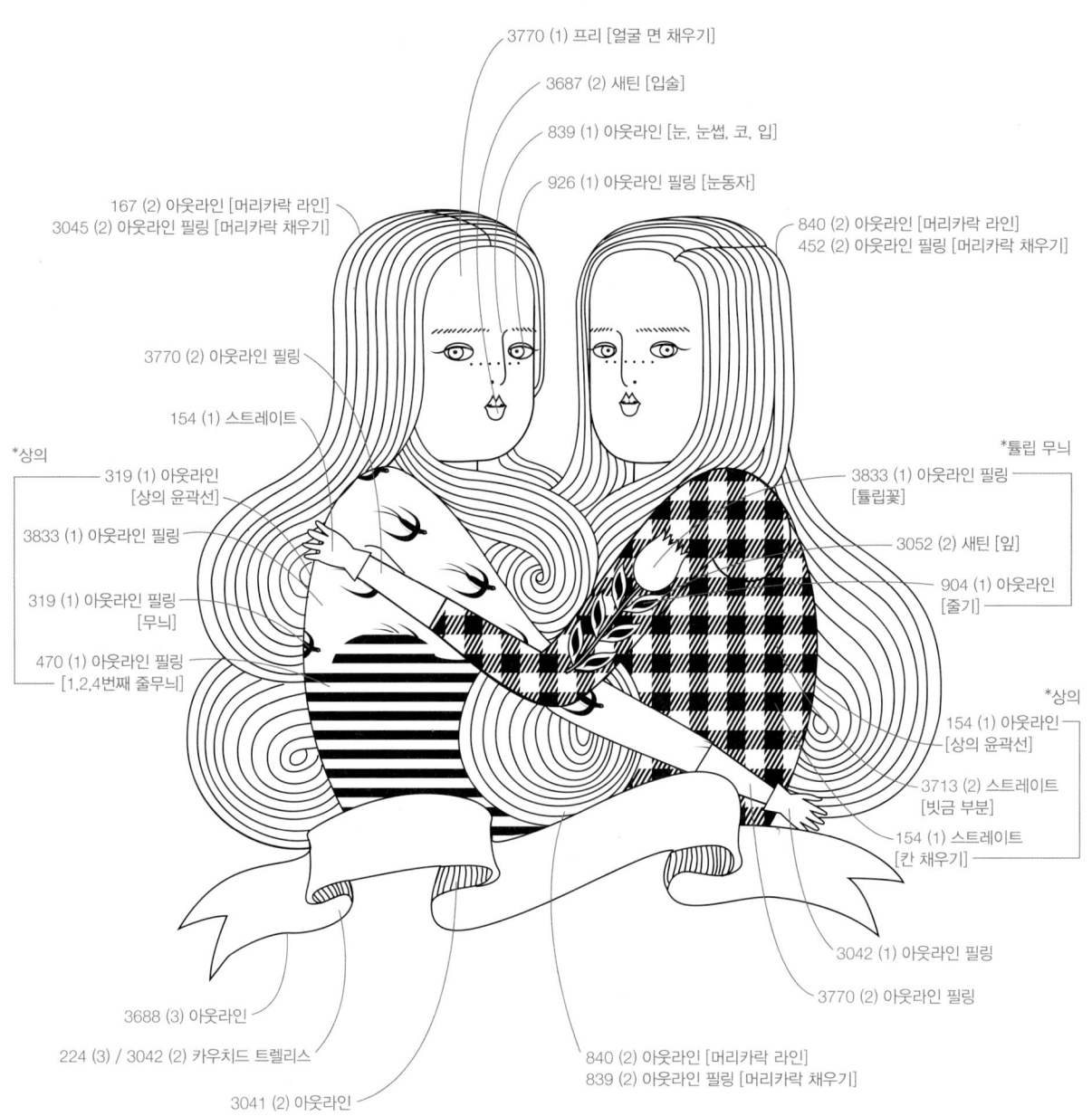

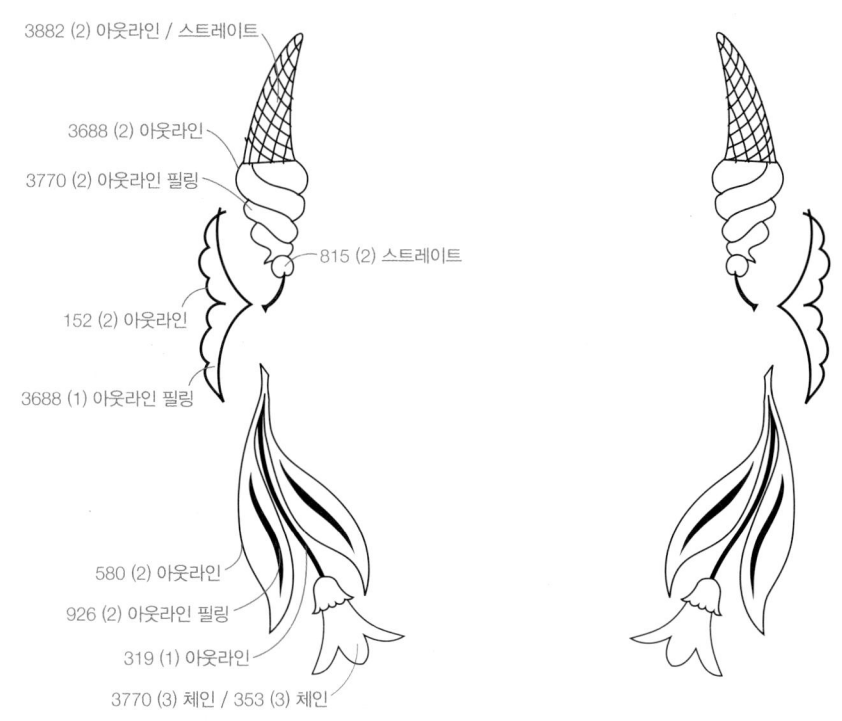

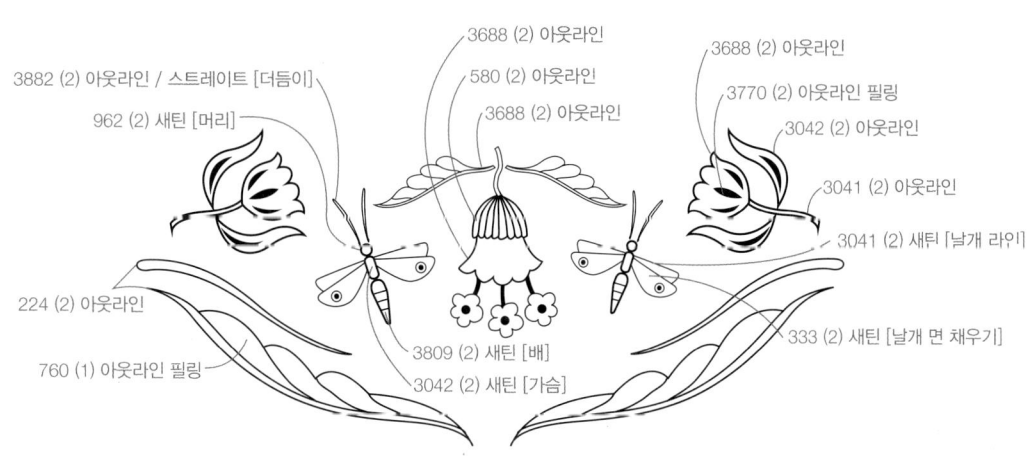

알파벳 자수
자수 이미지 43쪽

A B C D E
F G H I J K
L M N O P
Q R S T U
V W X Y Z

a : 352 (4) 캐스트온 [가운데]
　　3770 (4) 캐스트온 10번~17번 감기 [바깥]
b : 3833 (4) 캐스트온 [가운데]
　　761 (4) 캐스트온 10번~17번 감기 [바깥]
c : 3865 (4) 캐스트온 [가운데]
　　3836 (4) 캐스트온 10번~17번 감기 [바깥]

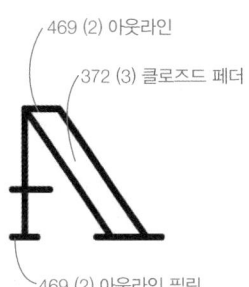
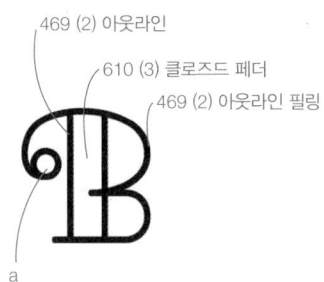

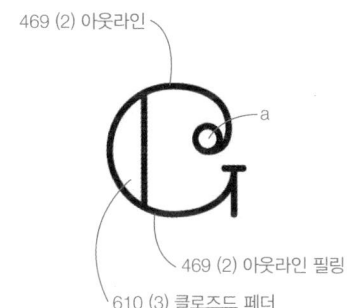
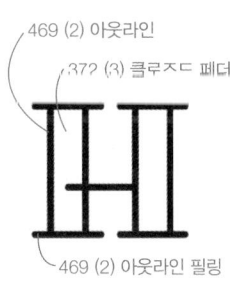
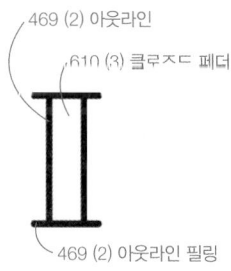

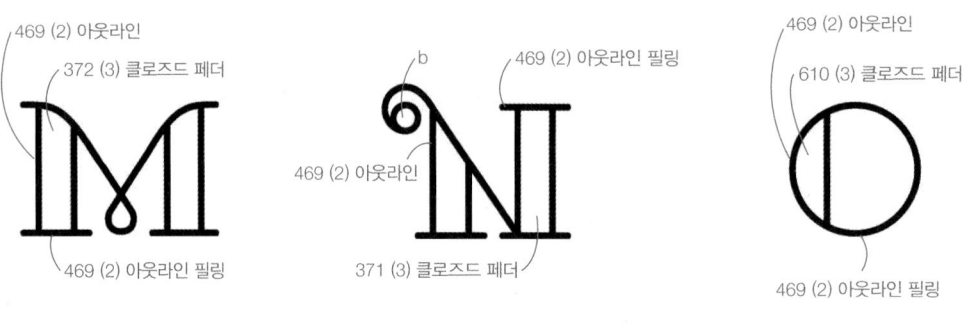
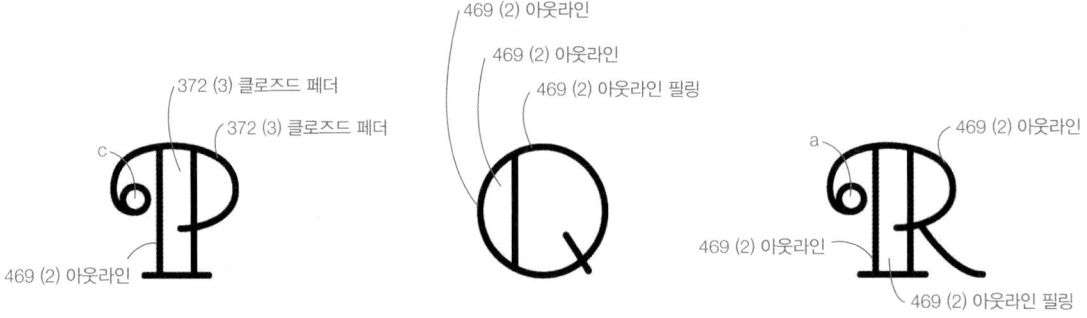

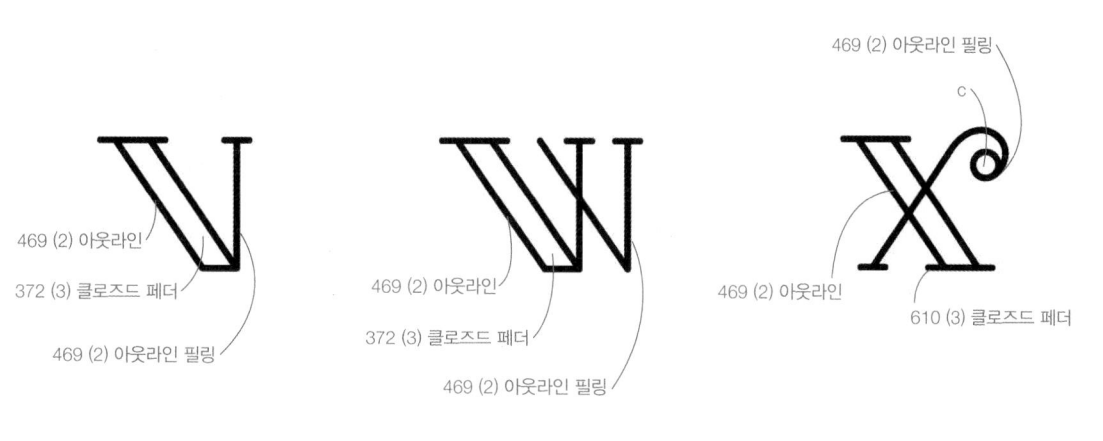
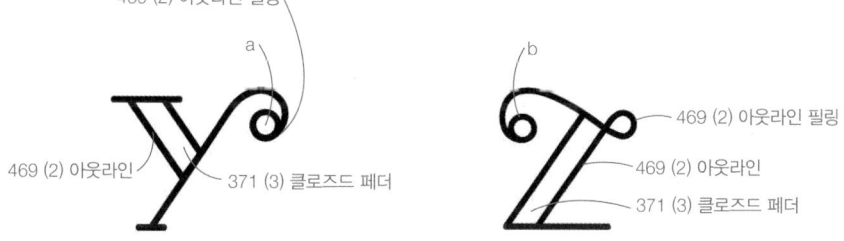

WEDDING
자수 이미지 44쪽

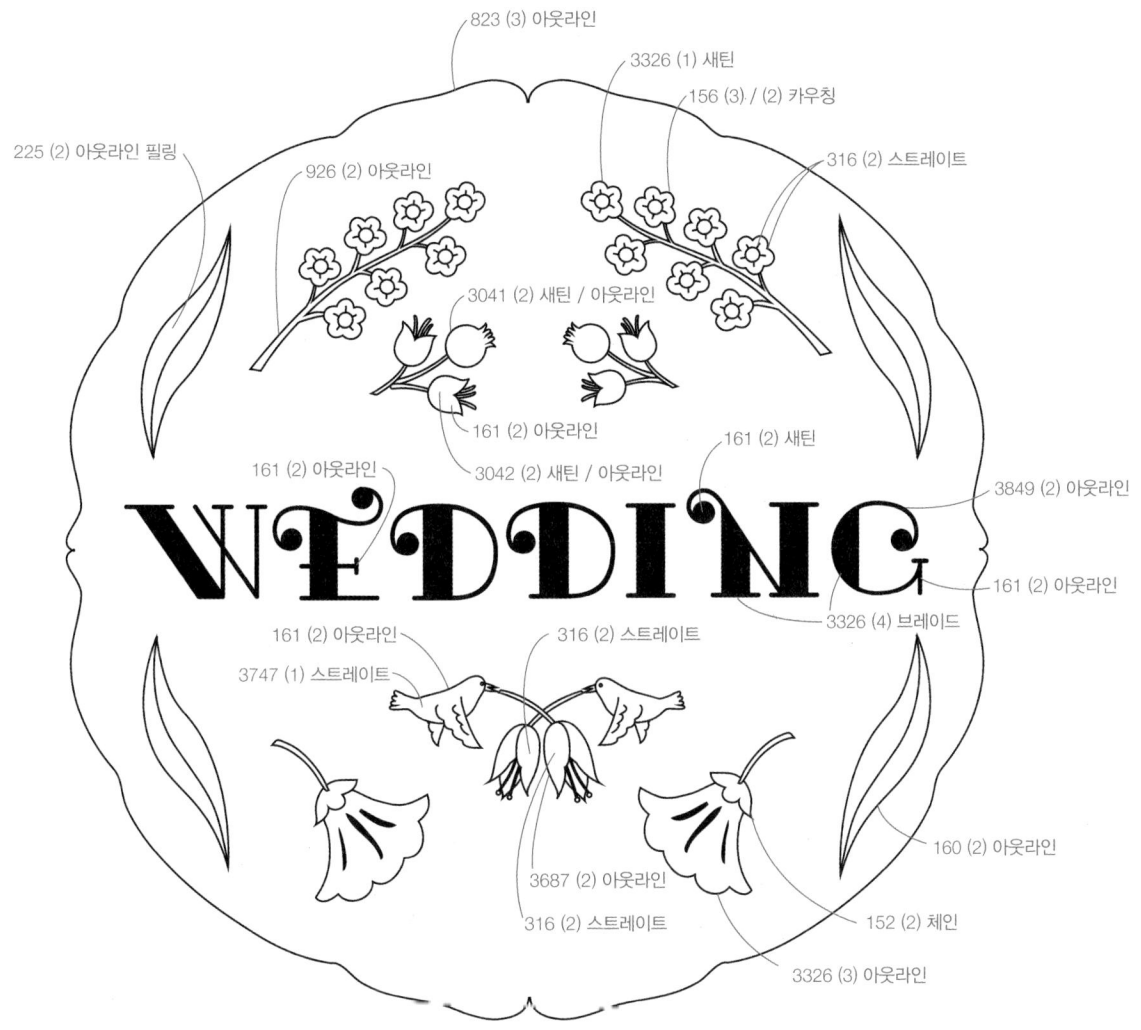

LOVE
자수 이미지 45쪽

부록 일러스트 원화

예쁜 일러스트로 시작하는
헬렌정의 프랑스 자수

초판 1쇄 발행 2018년 6월 21일
초판 2쇄 발행 2018년 8월 10일

지은이 헬렌정
일러스트 도안 조옥경
펴낸이 고미영

기획·진행·디자인 이효진
책임편집 고미영 최아영
편집 이승환 이채연
사진·스타일링 김연미(www.yeonmeekim.com)
도안조판 우선영
장소·소품 studio HARU·CREER les fleurs
마케팅 최원석
홍보 김희숙 김상만 이천희
제작 강신은 김동욱 임현식
제작처 영신사

펴낸곳 (주)이봄
출판등록 2014년 7월 6일 제406-2014-000064호
주소 10881 경기도 파주시 회동길 210
전자우편 yibom01@gmail.com
팩스 031-955-8855
문의전화 031-955-1909

ISBN 979-11-88451-26-5 13630

• 이 책의 판권은 지은이와 (주)이봄에 있습니다.
  이 책의 내용의 전부 또는 일부를 재사용하려면 반드시 양측의 서면 동의를 받아야 합니다.
  이봄은 (주)문학동네의 계열사입니다.

• 이 도서의 국립중앙도서관 출판예정도서목록(CIP)은 서지정보유통지원시스템 홈페이지
  (http://seoji.nl.go.kr)와 국가자료공동목록시스템(http://www.nl.go.kr/kolisnet)에서
  이용하실 수 있습니다. (CIP제어번호: CIP2018018488)

• 잘못된 책은 구입하신 곳에서 바꿀 수 있습니다.

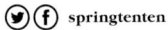 springtenten    yibom_publishers